DIE SYMBOLE DER WELTRELIGIONEN

(Erdumspannender Kampf um die Dominanz)

Bibliographische Information durch die Deutsche National-Bibliothek: Die Deutsche Nationalbibliothek verzeichnet diese Publikation in der Deutschen Nationalbibliographie; detaillierte bibliographische Daten sind im Internet über http://dnb.-d-nb.de abrufbar.

In hochachtungsvollem Gedenken

an

Giordano Bruno († 1600)

und

Karlheinz Deschner († April 2014)

ISBN: 9 787735 763068
© Copyright August 2014: sämtliche Rechte bei der Autorin
Ria Silva - email: RiaSilva@planet.ms
Herausgeber: Empresas Sonrisas de Las Estellas, Sosua -DR
Herstellung und Verlag:
BoD - Books on Demand, Norderstedt - www.bod.de
Cover-Gestaltung: Ria Silva
Cover-Rückseite: Die Offenbarung des Johannes-Bibeltext nach Martin Luther - gestaltet Ria Silva
div. Abb: free Downloads aus dem Internet - © unknown

RIA SILVA

HALLELUJA!
ÜBER DAS BÖSE BUCH
DIE BIBEL

MONOTHEISMUS:
VIEL DICHTUNG - WENIG WAHRHEIT

Warum wir endlich
Ketzerinnen und Ketzer werden sollten

Die sixtinischen Engel von Raffael (*1483 - †1520)
wundern sich seit 1513 n.Chr.

Nur mal ganz kurz vorweg gesagt ...

Ich bin keine studierte Theologin oder Historikerin, aber bezeichne mich als spirituelle Lebens-Philosophin, d.h. bin von Kindheit an philosophierend auf spirituellen, aber religionsbefreiten Pfaden unterwegs.... und vielleicht geht es ja sogar etwas leichter ohne allzu viel Ballast in diesen Fächern im Gepäck, um sich mühselig dessen wieder entledigen zu müssen, will man zum Kern bei und in sich selbst finden.

Spiritualität hat nichts mit Spiritismus und wenig oder gar nichts mit "Esoterik" zu tun, wie sie allerorten zunehmend umfangreicher und aufdringlicher auf uns zukommt. Dies nochmals aus aktuellem Anlaß.

Ich schreibe diese kleine "Ketzer-Schrift" also als engagierte Lai-in für Laien, habe den lockeren Plauderton einer wissenschaftlichen Gliederung vorgezogen - schon weil ich mich bewußt von dem hohen Anspruch der Fachliteratur absetzen möchte, der von Wissenschaftlern dieser Bereiche a priori erwartet wird und auch erwartet werden muß. Vielleicht mögen es die unvoreingenommenen Laien (vielleicht auch nicht), auf heitere Weise mit mir zusammen nachzudenken.

An die "Experten" und "Exegeten" adressiert diese Bitte: Sie müssen mich bitte nicht unbedingt geistig auspeitschen... für Sie ist diese kleine böse Schrift nicht gedacht... und ihre Gegendarstellungen oder gar Verunglimpfungen dürfen Sie sich auch bitte gern sparen - selbst wenn es im Internet weder Papier noch Tinte kostet.

Psychologisch gedeutet hieße das sowieso nur eins:
"Was trifft, macht betroffen"

Vielen Dank im Voraus!

In der spirituellen Literatur gibt es weitaus Schöneres, als das böse Buch die Bibel zu geben hat.

Angelus Silesius (*1624 - †1677) z.B.:
> *Mensch, halt an! Wo willst du hin?*
> *Der Himmel ist in dir!*
> *Suchst du Gott anderswo,*
> *du fehlst ihn für und für.* *

Also nicht: Pater noster, qui est in coelis ....Vater unser, der du bist im Himmel...irgendwo da oben...
Meister Eckehart beschreibt die Geburt des Geistes in die Form:
> *Unser Werden ist Gottes Sein*

Bevor wir in medias res gehen, unbedingt hier noch ein paar Worte zu Friedrich Nietzsche - aus seinem ZARATHUSTRA: *Gott ist tot*... das zitieren auch die sonst weiter gar nichts über einen unserer größten Philosophen wissen. Dieser biblische Gott war für ihn nichts als ein Albtraum, den zu träumen Nietzsche nicht mehr bereit war, um geängstigt daraus zu erwachen:

Dieser alte Gott lebt nämlich nicht mehr: der ist gründlich tot, stellt er mit unverkennbarer Erleichterung fest. Diesen alten Gott war er los - und damit "gott-los", wenn man so will. Den "alten Papst" läßt er darauf antworten:
Oh, Zarathustra, du bist frömmer, als du glaubst, in einem solchen Unglauben! Irgendein Gott in dir bekehrte dich zu deiner Gottlosigkeit
Das ist doch geradezu genial !

Genau so fühle auch ich mich bekehrt.
Der Inder Swami Vivekananda bestätigt dies auf seine Weise:
Wie gewisse Religionen auf der Welt einen Menschen, der nicht an einen persönlichen Gott außerhalb seiner selbst glaubt, als Atheisten bezeichnen, sagen wir, ein Mensch, der nicht an sich selber glaubt, sei ein Atheist. Nicht an die Herrlichkeit der eigenen Seele zu glauben, nennen wir Atheismus.

Dieses Büchlein ist nicht besonders anstrengend zu lesen, ist intellektuell gesehen leichte Kost, mit einem Schuß Satire, und könnte zum Einstieg der interessierten Leser-Innen dienen, all die anderen wichtigen Bücher zu diesen und ähnlichen Themen, z.T. aufgeführt im Literaturverzeichnis, zur Hand zu nehmen und wichtige Erkenntnisse zu anderen Sichtweisen zu gewinnen.

Gehen wir fröhlich und heiter ein Stück gemeinsam?

Cabarete, August 2014   Ria Silva

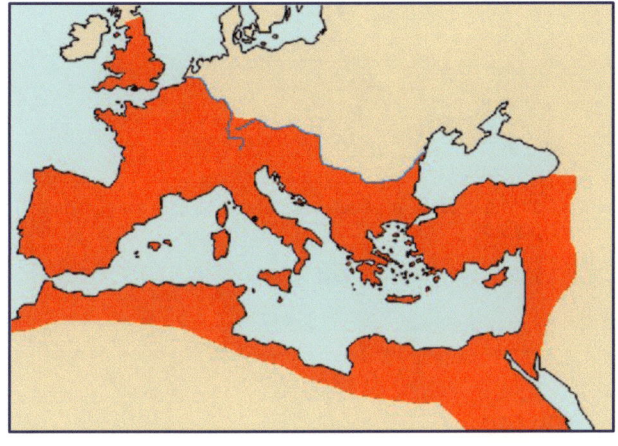

Das Römische Reich zur Kaiserzeit

free download
© unknown

Monotheismus:
3 Weltreligionen - viele (Fehl-) Interpretationen zwischen viel Dichtung und wenig Wahrheit.

Ich stelle mir gerade einmal vor, ich stehe an einem Kreisverkehr, von dem drei große Straßen abzweigen. Mein Navy aber sagt mir nicht, welche Straße zu dem Ziel führt, das ich zu erreichen wünsche: am Ende eines spannenden Weges in einer wunderschönen Umgebung ein zufriedener und glücklicher Mensch zu sein.
Ich bin ja nicht unvorbereitet auf die Reise gegangen, habe vorher Erkundigungen eingezogen....
....und wenn du dann an dem Kreis stehst, dann mußt du die erste rechts... ein anderer sagt mir, du mußt die zweite nach rechts... und der dritte - wie könnte es anders sein - will mir die dritte Abfahrt empfehlen.
Ob sie sich denn so sicher seien?... und was kann ich bestenfalls oder schlechtestenfalls denn unterwegs und schließlich am Ende des Weges erwarten?
Alle drei Straßen führen jeweils zu einem der drei monotheistischen Weltreligionen. Meine Leser-Innen haben die Metapher längst verstanden. Das Navy ist natürlich ein Anachronismus. Damals als ich begann, mich mit Religionen aller Art zu befassen, gab es noch kein GPS, auch kein Internet, keine PCs.
Aber eins wurde ziemlich schnell deutlich:
die Chefetagen der Religionen und ihr Personal hatten und haben nicht vor, mich oder sonst irgendwen - oder doch wenigstens ihre zahlenden "Kunden" - zu einem freien und fröhlichen oder womöglich auch noch glücklichen Menschen zu machen - ganz im Gegenteil:
"ora et labora" ... und zwar nicht lächelnd und freudig, sondern sehr ernst und überaus konzentriert - mit demütig gesenktem Haupt als Sünder(in), immer den Spruch

"Memento mori" im Visier.
Der Lohn war und ist im Jenseits angesiedelt, in einem Himmel, den sich noch niemand so richtig vorstellen, niemand kennen konnte und kann - geschweige denn Näheres zu berichten weiß.
Wenn ich etwas leiste, dann will ich auch wissen, wie und wo und womit ich belohnt zu werden erwarten darf.
Es sei denn, ich tue jemandem aus Freundschaft einen Gefallen. Aber diese Freundschaft muß es ja auch erst einmal geben... und diese monotheistischen Vertreter können doch meine Freundschaft und mein Vertrauen nicht mit DU MUSST und DU SOLLST und mit frommen Sprüchen und vagen "Heilsbotschaften" für irgendwann ganz viel später einmal in einer ungewissen Ewigkeit gewinnen, oder?

Sollten Sie Lust verspüren, die drei Monotheismen und ihre "Programme" mittels anschaulicher Illustrationen mit einem heiteren Augenzwinkern zu genießen, dann schauen Sie sich doch bitte mal in das kleine, hübsche, lesenswerte Büchlein

WO BITTE GEHT´S ZU GOTT?
von Michael Schmidt-Salomon / Helge Nyncke

Als es auf den Markt kam, diskutierte die damalige Familien- und heutige Kriegsministerin Ursula von der Leyen höchst empört, ob man das Buch nicht sofort verbieten sollte. Hoppla?!Was heißt bitte "Pressefreiheit" auf Vonderleyenisch? Was soll´s: Eine bessere PR konnte das Buch nicht bekommen!
Wunderbar anschaulich, die drei "Weltreligionen" seinen Kindern fröhlich und kind-gerecht zu erklären und sie widerstandsfähiger zu machen gegen vernebelnde Missionsversuche und Indoktrinationen,die schon im Kinder

garten (heutzutage "Kita" genannt), spätestens aber im Religionsunterricht in der Schule auf sie warten und ihren kindlichen Seelen eher schaden als nutzen werden - nicht zu reden von den widerlichen, kriminellen, jüngst erst bekannt gewordenen Mißbrauchsfällen!
Du sollst nicht lügen...
und dann erzählen sie dem Kind im zarten, leicht beeindruckbaren Vorschulalter und gleich nach der Einschulung solche furchtbaren, orientalischen Geschichten aus dem Morgenland, behaupten, daß sie wirklich wahr seien - nicht wie andere Märchen... nicht wie Hänsel und Gretel, Schneewittchen, der Wolf und die sieben Geißlein oder der Weihnachtsmann einfach nur erfunden, nein... nein...nein... dieses Geschichtenbuch vom lieben Gott, der auszog das Fürchten zu lehren, sei von diesem schrecklich lieben Gott höchst persönlich in die menschliche Hand unserer Ur-ur-urur...Ahnen diktiert worden ...vor so etwa 5000 Jahren ...oder so...Gottes eigene heiligen Worte.... und später dann wäre der Gottessohn Jesus extra für uns Sünder geboren, sei durch ihn das Neue Testament geschaffen worden, aufgezeichnet durch seine Evangelisten, auf einem Felsen mit Namen Petrus sei dann seine Kirche ....und dann sei er für uns am Kreuz gestorben....also schon vorher war das mit dem Kreuz ...dann erst die Kirche ... und das ist sichtbar in jedem Klassenzimmer .. und sonst auch fast überall ...
das Cruxifix...nein, Crucifix... also... eine Crux auf jeden Fall.
Ihr Schwarzröcke mit der Kalkleiste, Ihr frommen Kuttenträger, ihr religiösen Eltern und Erzieher: das klappt nicht mehr so recht, oder?
Seit alles im Internet abrufbar ist, tun unsere kleineren Kinder allenfalls der Oma noch den Gefallen, tun so, als

sei alles wirklich wahr gewesen, was sie vorlas in ihrem Lehnstuhl mit ihrer auf die Nase gerutschten Lesebrille.

... und auch diese Omas sterben langsam aus, werden ersetzt durch die nächste Generation, die inzwischen sensibilisiert worden ist für das, was ihren Kindern so alles passieren kann unter dem frommen Schutz der Ordensleute... welche "Wohl-Tätlichkeiten" da so an der Tagesordnung sind. Früher haben sich Kinder nicht getraut, das strikte Gebot der Geheimhaltung zu durchbrechen, denn in die angedrohte Hölle wollte doch schließlich keiner von ihnen kommen.

Aber als einer mal angefangen hatte, die Wahrheit zu erzählen, brach ein Sturm los: der Zorn entlud sich und steigerte sich zum Orkan, so daß ihr eure Gewänder gar nicht so schnell raffen und weglaufen konntet.

Mußtest ihr ja auch nicht. Mutter Kirche nahm euch unter ihren weiten, warmen Mantel - egal, was die böse, böse, verleumderische, weltliche Presse gegen euch vorzubringen sich erdreistete.

Ein Nuntius der katholischen Kirche - ein Pole vom polnischen Papst Wojtyla vor vielen Jahren schon hier in Mittelamerika als Botschafter des Vatikan akkreditiert - wurde kürzlich verhaftet und rechtskräftig wegen Kindesmißbrauch verurteilt. Er hatte striktes Verbot, das Land zu verlassen ... und schaffte es dennoch, ins Ausland zu verschwinden. Wen wundert´s? Im Vatikan hatte man "keinerlei Ahnung" über seinen aktuellen Aufenthaltsort. Doch dann erkannte ihn jemand, als er in Rom herumspazierte. Natürlich nahm sich der Vatikan sofort des "Vorfalls" an... ich schätze mal, er bekam einen neuen Diplomatenpaß mit neuer Identität, um ungehindert auch weiterhin spazieren gehen zu können ... in Rom, in Italien.. und wo auch immer diesseits oder jenseits des großen Teichs. Da ändert sich nichts - leider.

 Die Chefetage gibt sich heuchlerisch "betroffen" und räumt pauschal ein paar Fehler ein, macht säuselnde Versprechen und setzt in der Pressekonferenz vor laufender Kamera (*) ein besorgtes Gesicht auf.

Eine gerechte Strafe hat so ein verbrecherischer Schwarzrock nicht zu erwarten. Der Vatikan entzieht ihn "weltlicher" Justiz und versetzt ihn einfach nur woanders hin - meist ins Ausland und nicht selten zudem "belohnt" mit einem höheren Posten.
Unberührt von jeglicher Kritik sind die Führungseliten der drei Monotheismen weniger überzeugt von ihrem wunderbaren, allein-seligmachenden Glauben und dessen "Zielen", als einfach nur machtgeil darauf aus, die Menschen in Angst vor der Strafe Gottes manipulieren zu können. Sie haben die Weisheit mit Löffeln gefressen, wenn sie überlegen lächelnd zu erklären versuchen, warum man ausgerechnet ihrem Weg unbedingt folgen muß, um dessen Segnungen (vielleicht???) auch erfahren zu dürfen.
... wenn ich... bekenne... mich bekenne...zu glauben an einen ... nein **, d e n** einen .. Gott, den Allmächtigen, Vater Himmels und der Erden also:
...Jahwe... Allah.....und dann noch ...
ja...und dann noch laut katholischem Dogma vom Konzil in Nicäa 325 n.Chr. ... an Jesus Christus seinen Sohn... dann ist das ist ja noch nicht alles, was einem zugemutet wird.
Ich muß hier einfach den ganzen, bekannten (oder eher nicht wirklich bekannten???) Text des offiziellen, christ-

(*) Pater Filucius von Wilhelm Busch

lichen Glaubensbekenntnisses zur nochmaligen Vergegenwärtigung einfügen, um seinem mehr als fragwürdigen Inhalt Schritt für Schritt nachzugehen ...
... und vor allem zum Mitdenken anzuregen!

Ich glaube an Gott, den Vater, den Allmächtigen, den Schöpfer des Himmels und der Erde, und an Jesus Christus seinen eingeborenen Sohn, unsern Herrn, empfangen durch den Heiligen Geist, geboren aus der Jungfrau Maria, gelitten unter Pontius Pilatus, gekreuzigt, gestorben und begraben, hinabgestiegen in das Reich des Todes, am dritten Tag auferstanden von den Toten, aufgefahren in den Himmel; er sitzt zur Rechten Gottes, des allmächtigen Vaters; von dort wird er kommen zu richten die Lebenden und die Toten. Ich glaube an den Heiligen Geist, die heilige [katholische] [christliche]Kirche, Gemeinschaft der Heiligen, Vergebung der Sünden, Auferstehung der Toten und das ewige Leben. Amen*·*

Ich hoffe, das ist noch aktuell, denn am deutschen Text des Vaterunser hat jedenfalls die Deutsche Bischofs-Konferenz in Fulda 1967 noch einmal herumgedoktert und festgelegt, wie genau das Gebet nun zu beten sei.
....ja, geht´s noch?
 Also..bitte... kann jemand heutzutage allen Ernstes noch genau so dieses Glaubensbekenntnis von ganzem Herzen überzeugt beten und /oder bekennen?...mal von ein paar ewig gestrigen Sondergruppen abgesehen, die mit Scheuklappen durch die Welt laufen, sich Wachs in die Ohren stecken und ein geistiges Steinzeitleben wie vor 1000 Jahren führen?

Dann mal ins Detail:

Es hat sich ja nun so langsam herumgesprochen, daß die Schöpfungsgeschichte des AT ins Reich der Mythen und Märchen gehört, weil man längst weiß, daß da so ein ketzerischer Mensch namens Charles Darwin empörender Weise und ohne kirchliche Erlaubnis seine Evolutionstheorie entwickelt hat: im 19.Jh die damals neueste und bekannteste, aber nicht die erste.
Der Grieche Anaximander hat schon im 6.Jh. v.Chr. an derlei Forschungen gearbeitet und eigene Entdeckungen machen können. Auch nach ihm und vor Darwin gab es eine Reihe von Wissenschaftlern, die nicht sehr bekannt geworden sind, zumal Naturwissenschaftler sich ja generell vor der katholischen Kirche in Acht nehmen und daher im Geheimen forschen mußten.
Jedenfalls ist erwiesen, daß der Mensch erst viel später auf der Erde in Erscheinung getreten ist, während es Flora und Fauna bereits lange schon in großem Umfang gab. Adam und Eva sind sich als physische Wesen nie begegnet. Die Erde ist auch nicht erst vor 5.000 Jahren entstanden, sondern der bisher älteste Fund eines menschlichen Skeletts ist 3 Millionen Jahre alt, während die Erde schon 4,54 Milliarden Jahre existiert.
Wäre ja nicht weiter schlimm, konfrontierte man nicht bereits kleine Kinder mit dem strafenden Vatergott,der überall alles sieht und jede Verfehlung unbeugsam und erbarmungslos bestraft, auch wenn man nur ein
ganz kleines Stückchen Schokolade gemopst hat.
Dieser Vatergott oder Gottvater ist nicht nett und auch nicht lieb...und vertrauen kann man ihm bestimmt nicht.
Jesus hat sich übrigens nie als eingeborenen Sohn und nicht als Gott bezeichnet, hat nie erzählt, daß seine Mutter ihn als Jungfrau geboren hätte. Im Hebräischen gibt es zwei Wörter: Alma für junge Frau und Betula für

Jungfrau. Maria wurde immer als eine Alma bezeichnet in den alten Texten (lt. Pinchas Lapide)
Jesus hat mitnichten die christliche Religion gegründet auf dem "Felsen Petrus", der auch nicht erster Papst war. Es war Linus - später so eben ganz schnell mal an die 2.Stelle gerutscht. Wahrscheinlich sogar hat Petrus Rom nie betreten. Sein Grab im Petersdom ist vermutlich also ein Fake. Die Petrusbriefe gelten inzwischen nachweislich als Fälschungen. Ob Petrus überhaupt nur eine fiktive Gestalt war, da ausnahmslos nur in den historisch nicht verifizierten Evangelien erwähnt, ist ungewiß.
Paulus hat diese Kirche samt dem "Erlösergedanken" gegründet. Diese - von der damals noch als christliche Sekte bezeichneten Religion - erfundenen Texte weichen erheblich von der Thora ab, an der kein Jota geändert werden darf, wie Jesus sagte in

Mt 5,18

„Bis Himmel und die Erde vergehen, soll auch nicht ein Jota oder ein Strichlein von dem Gesetz vergehen"
also?
Wo in der Thora ist etwas von der Auferstehung von den Toten zu lesen ..... früher hieß es übrigens "Auferstehung des Fleisches" - weswegen ja der katholische Glaube eine Feuerbestattung verbietet...

Wo steht etwas von der Gemeinschaft der "Heiligen"... zu selbigen ernannt von einem dafür doch nun nicht wirklich von Gott autorisierten Papst...?
Wurden nicht auch verbrecherische Päpste der "heiligen Inquisition" in wissentlichem Amtsmißbrauch heilig gesprochen? Ja, tatsächlich hat ein sehr hoher Prozentsatz

der gelisteten "Heiligen" nachweislich alles andere als einen "heiligen" Lebenslauf aufzuweisen, ja hat sich sogar unwiderruflich in die Kriminalgeschichte des Christentums eingetragen. Irgendwer hat diesen eher unseligen Toten dann noch schnell eine Wundertat zugeschanzt: ohne deren (unzweifelhafte!!) "Bezeugung" kann und darf ja niemand als "anerkannter Heiliger" verehrt werden ... heißt es..

 Die Teufel in der Hölle, wo die Verbrecher laut christlicher Auffassung schmoren, müssen sich doch tot lachen ob dieser "Heiligsprechungen" durch diese selbstherrlichen Päpste ... ich sehe sie ausgelassen tanzen vor lauter Begeisterung, daß sie diese bösen "Heiligen" ganz bestimmt nicht wieder hergeben müssen.

Interessant ist jedenfalls, daß sich die katholische Kirche mit ihren vielen Heiligsprechungen auf dem geraden Weg zu einem neuen Polytheismus befindet...oder sollte man diese vielfältige Heiligenverehrung bereits als einen neuen Götzendienst bezeichnen?

    Fast alles, was sich diese christliche Kirche an "Überzeugungen" einfallen ließ und noch immer läßt, wird dann als Dogma verkündet, das die Christenheit wegen der "Unfehlbarkeit des Papstes" auf jeden Fall und ohne Wenn und Aber zu glauben hat, wenn man denn katholisch ist.

Ein heißes Ding, was sich Pius IX. da ausgedacht hat mit diesem Dogma der "Infallibilität". Sehr viele Kardinäle und Bischöfe, deren wütende Proteste und Unmutsbekundungen in schriftlicher Form archiviert sind, wurden so nach und nach umgebogen und gefügig gemacht: trickreiche Erpressung mit allen Mitteln. Mutig genug, solchem Druck aus der Chefetage zu widerste-

hen und aus der Kirche auszutreten, waren nur die wenigsten. Kunststück! Sie konnten doch nur "Hochwürden" und "Eminenz"... hatten ja nichts anderes gelernt, mußten wohl oder übel bei dem "Verein" bleiben. So konnte das Ungeheuerliche stattfinden: das Dogma wurde am 18.Juli 1870 verkündet. Dabei hatte sich doch Pius IX. lange zuvor schon den Beinamen "Der Verrückte" eingehandelt, versuchte seine "Heiligkeit" doch tatsächlich, ein Wunder à la Jesus zu vollbringen, was gründlich mißlang und ihn der Lächerlichkeit preisgab. Der Text dieses Unfehlbarkeitsdogma endet bezeichnender Weise mit den Worten:
"Wer sich vermessen sollte (...).dieser unserer Glaubensentscheidung zu widersprechen: der sei in Bann."
Da paßt doch Folgendes wie die Faust aufs Auge:

MT 7,15

Seht euch vor vor den falschen Propheten, die in Schafskleidern zu euch kommen, inwendig aber sind sie reißende Wölfe.

Gibt es ein treffenderes Jesuswort für die Aufsichtsratsvorsitzenden der christlichen Kirche samt ihrem Klerus? Hat Jesus jemals gesagt, daß er leiblich - also als Mensch aus Fleisch und Blut und nicht nur als Geistwesen - in den Himmel fahren ...nicht laufen oder auf dem Esel reitend(!!!) ...nein, fahren werde... später auch noch im gleichen Stil Maria, seine Mutter...?
Rätselhaft, wie sie dabei wohl angezogen waren, angezogen gewesen sein könnten?... also doch sicher nicht in diesem irdischen, wenngleich sehr bequemen Look der Fledermaus-Gewänder ... die Raumanzüge waren ja damals noch nicht erfunden... und wohin genau sie ge-

Immerhin hat - bei aller Diskreditierung der Frau - der Katholizismus eine Art <u>weibliche</u> Gottheit hervor gebracht, zu der meist mehr gebetet wird als zu Jesus und dem fernen Vatergott!
Der Rosenkranz ist ein sehr langes, variantenreiches *Ave Maria*: "Heilige Mutter Gottes, bitte für uns Sünder, jetzt und in der Stunde unseres Todes".

Die Himmelskönigin von Wilhelm Busch

fahren sind und mit welchem weltraum-tauglichen Vehikel, hat man bisher auch nicht verorten können ...

Wenn als Geistwesen in einen geistigen Himmel, müßte man nicht fragen... Geistwesen sind eben Geistwesen und damit immateriell ... nur in verklärenden Visionen "erfahrbar"... vielleicht... aber eben keinesfalls für das ganz normale menschliche Auge sichtbar...

... aber auch da gibt ..soll es geben... menschliche Augen, die sowas sehen können ....können sollen...wenn sie denn nicht einfach nur unter bedenklichen Halluzinationen sprich Schizophrenie litten oder leiden.

Was mich schon mal im Vorfeld stört ?
Du **mußt**... Du **mußt**...Du **mußt** ...und... dann **darfst** du...vielleicht...aber wahrscheinlich darfst du nicht., hast von vornherein überhaupt keine Chance, weil zwar berufen... vielleicht.... aber eben nicht auserwählt.
Das scheint eher nebensächlich, wird später aber noch deutlich werden, was für eine seelische Vergewaltigung dies beinhaltet.
Ach, was.....nicht immer alles so wörtlich, nicht so ernst

© unknown
Malvorlage aus dem IT

Ist nur Spaß: Der Wal verschluckt Jona. Der kommt nach 3 Tagen wieder unversehrt heraus gehüpft. Wale ernähren sich nicht von Menschen, sondern von Klein- und Kleinsttieren. Ist nur eine bilbische Geschichte... aber macht Kindern vielleicht Angst im Meer zu schwimmen?

nehmen...ach, ja? Nun auf einmal? Wann bitte muß man ernst nehmen, wann nicht? Darf man lachen... oder ...?

Meine Jugendzeit -
ein Blick zurück im längst verrauchtem Zorn.

Aufgewachsen im typisch deutschen, christlichen Umfeld mit den üblichen Bräuchen, allerdings auch geschützt durch die Unterstützung freiheitlich denkender Eltern, den nachdrücklichen bis massiven Forderungen der Schule, am Religionsunterricht teilzunehmen wie auch sonntags zur Kirche zu gehen nicht nachkommen zu müssen.....
Obwohl bei uns in der Familie durchaus eine Art Gebet stattfand - in besinnlichen Minuten oder Stunden als Meditation: Keine Erstkommunion - keine Konfirmation - wohl aber strampelnd in lautstarkem Protest als Säugling evangelisch getauft. Das geschah am Geburtstag meiner Großmutter im November, wie zuvor schon meine Mutter und ihre Schwester und nun auch ich und später meine Schwester an diesem Datum getauft worden sind....

einer glücklich strahlenden Oma zuliebe...

© unknown (aus dem Internet)

Aber was hätte da nicht alles passieren können, wie ich viel später erst erfuhr: Ich war immerhin schon über 7 1/2 Monate alt... und ... ein ungetauftes Baby kommt ja im Todesfall nicht in den Himmel, sondern das arme Seelchen geht geradewegs in die Hölle, also nicht in so eine richtige, aber so eine Art Hölle, wo es bis zum Jüngsten Gericht bleiben muß.

....na, hat ja nochmal jut jejangen...

Nicht so gut ging´s mir allerdings, als ich darüber nachdachte, was das denn wohl für ein ungerechter Gott sein soll. Erst paßt er nicht auf das Baby auf, läßt es sterben,anstatt es zu behüten, und verdammt es dann auch noch... wo es doch gar nichts dafür kann, daß man es nicht getauft hat. Irgendwas stimmt doch da nicht!

Ein lieber Gott? Die ersten Zweifel nagten in mir. Ich konnte ihn fröhlichen, unbefangenen Herzens so nicht mehr anreden.

Jedoch das Jüngste Gericht hielt ich schon ziemlich bald für das ÄLTESTE GERÜCHT !

Dann fand ich heraus, daß Jesus selbst nie getauft hat ... und Kinder schon gar nicht.

Aha, wieder einmal eine reine Kirchendoktrin. Schlau eingefädelt, denn der Säugling kann ja nicht widersprechen, ist also auf jeden Fall bis zum 15.Lebensjahr diesem "Verein" zugehörig...

....und die Wahrscheinlichkeit, daß er auch weiterhin "Vereinsmitglied" bleibt, ist ziemlich hoch ... früher jeden

falls. Denn inzwischen gibt es ja noch die "Heilige Erst - kommunion" - da ist man ja auch noch klein und weiß nicht so recht, was es nun mit dieser weißen Oblate auf sich hat... und dann noch die Firmung... und die Buben werden Ministranten und dürfen stolz am Altar einen "heiligen, segensreichen Dienst" verrichten.
Die Kirche hat die Jugend fest im Griff: eine Vergewaltigung der jungen Seelen auf Raten.
Hat Joachim Kahl nicht Recht, wenn er in seinem Werk *"Erziehung ohne Religion"* die Taufe im Säuglingsalter als *"Zwangschristianisierung"* bezeichnet und sich auf das Grundgesetz beruft, wo es ausdrücklich heißt:
Niemand darf zu einer kirchlichen Handlung oder Feierlichkeit oder Teilnahme an religiösen Übungen oder Benutzung einer religiösen Eidesform gezwungen werden. "....Ein Säugling wird zum willenlosen Objekt einer kultischen Handlung degradiert", empört sich J.Kahl - zurecht wie ich meine.
Fazit?
Taufe, Erstkommunion, Firmung etc. sollten vor der offiziellen Religionsfreiheit ab 14 Jahren nicht stattfinden dürfen und der freien Entscheidung des jungen Menschen diesen Alters vorbehalten werden. Für die Beschneidung jüdischer Knaben und ähnliche religiös begründete Riten gilt das natürlich genauso.
Wäre das nicht ein grandioser Fall für das Verfassungs-Gericht und würde Geschichte schreiben, so die obersten Gesetzeshüter konfessionslos und damit wirklich unabhängig und nicht befangen urteilen können? Eine Entscheidung gegen die selbstherrlichen, selbsternannten Vertreter Gottes auf Erden - die falschen Propheten, die Wölfe im Schafspelz: Früher undenkbar, aber heutzutage durchaus machbar, meine ich, wenn da nicht das C den Namen gewisser Parteien "zierte" ...

In der Grundschule habe ich als evangelisch getaufte Schülerin dann freiwillig am katholischen Religionsunterricht teilgenommen, obwohl meine Eltern schon lange aus der Kirche ausgetreten waren.
Warum?
Aus einem ganz besonderen (höchst profanen) Grund. Ich hätte sonst in einer anderen Klasse für nichts und wieder nichts an einem für mich unnützen Unterricht teilnehmen und meine Zeit verschwenden müssen, nur um der schulischen Aufsicht unterstellt zu sein.
Der katholische Pfarrer jedoch war als Respektperson und Lehrer so geeignet wie die Kuh zum Schlittschuhlaufen. Wir tanzten dem gütigen, aber pädagogisch total unfähigen Hochwürden nach Lust und Laune auf der Nase herum. Er konnte dann nicht anders als unserer Forderung nachgeben, daß wir Vokabeln lernen oder sonstige Hausaufgaben verrichten durften. "Herr Pfarrer, Sie müssen doch sicherlich heute noch Ihr Brevier lesen": das war der Einleitungsspruch... dann wußte er, was angesagt war... der Arme.
Pfui doch!...quia peccavi ...mea culpa...
Mit 14 Jahren - wie schon gesagt: die offizielle Religionsfreiheit. Ist ja irgendwie ein stolzer Augenblick: man kann endlich mal etwas völlig frei entscheiden, ohne fragen zu müssen... obwohl da doch durchaus Beratungsbedarf besteht.
Aber hatte ich diese Freiheit nicht sowieso schon längst?

Die autoritäre katholische Kirche kam ja gar nicht in Frage. Zwei Jahre Grundschule unter der Fuchtel katholischer Ordensschwestern waren mehr als genug... und die harten Schläge mit dem langen Holzlineal auf meine kleinen Fingerchen unvergessen. Immerhin wurde ich daraufhin woandershin umgeschult, weil bei den Nonnen

keinerlei Einsicht auf derartige Klagen oder sogar auf ausdrückliche Verbote meiner Eltern zu erreichen war. Ein Gesetz, daß Schläge unter Strafe untersagt, gab es ja damals noch nicht.
Aber Weihnachten zur Mitternachtsmette: warum nicht?
Ist wie eine feierliche Oper mit meist sehr guten Chören, und das Bühnenbild stimmt auch.
Dagegen ist in der protestantischen Kirche alles so unromantisch, schmucklos, nüchtern. Der Pfarrer spricht nicht von Gott, sondern vom Herrn. Der Herr sagt, der Herr will uns damit sagen... der Herr, der Herr, der Herr... ich kann´s bis heute nicht ausstehen... und die Anschauungen des Herrn Luther sind auch nicht so mein Ding - bei allem Respekt vor seinem Mut, dem Papst die Stirn geboten zu haben.
Mit der östlichen Orthodoxie machte ich nähere Bekanntschaft durch die enge Freundschaft meiner Eltern mit dem Neurologen und Schriftsteller Wladimir Lindenberg, einem Exilrussen.Ich mochte Wolodja sehr wie auch seine Bücher, die warmherzig von seiner Kindheit in Rußland erzählen.
Ich bin dann mal zu einem russisch-orthodoxen Gottesdienst gegangen. Der Pope "Vater Sergej" besuchte uns später auch daheim: ein mittelgroßer, älterer Mann, lange schwarze Soutane, der allseits bekannte, typische hohe, zylindrische Priesterhut auf langem, grauen Haar, im Gesicht ein üppiger Vollbart. Er strahlte liebenswürdige, gemütliche Ehrwürdigkeit aus...
      und dann ... passierte etwas Eigenartiges:
Unsere Katze, die sonst sofort bei jedem Besuch Reißaus nahm und sich in den hintersten Winkel verdrückte, kam mit erhobener, schnüffelnder Nase langsam näher und näher... und ...ich konnte es nicht glauben... sprang

dem Vater Sergej auf den Schoß, um sich schnurrend bei ihm niederzulassen. Wenn mein Linchen ihn mochte, ja, dann konnte er doch wirklich nur ein ganz besonderer Mensch sein... und das war er ja auch... und vor allem: er missionierte nicht... das war schon mal sehr sympathisch.

Ich trat nach etlichen Gottesdienstbesuchen in seine kleine Gemeinde ein, bekam dort nach einiger Zeit der Zugehörigkeit mein erstes Abendmahl. Der gesamte Ritus entspricht mehr dem, was man sich für eine christliche Urgemeinde in ihrer Ursprünglichkeit so ungefähr vorstellen kann. Nicht diese eigenartige, blasse Hostie, sondern echtes Brot und echter Wein.

Dann die obligatorische Beichte. Sie ist weniger anonym als in der römischen Kirche, wo man im Beichtstuhl durch eine Gitterwand getrennt dem Beichtvater zur Seite sitzt. Hier steht man dem Priester von Angesicht zu Angesicht seitlich hinter der Ikonenwand gegenüber.

Ich war damals als 14-Jährige - im krassen Gegensatz zu einer Gleichaltrigen in der gegenwärtigen Zeit - ein gerade mal soeben physiologisch geschlechtsreif gewordenes Mädchen. "Aufgeklärt" wohl, aber doch noch sowas von kindlich unbedarft, wie man es sich heutzutage kaum mehr vorstellen kann.

TV hatten wir zu Hause noch nicht, auch keine Disco oder all sowas... Ein winziger Saphir hatte gerade erst die gute alte Nadel des Plattenspielers abgelöst, auf dem leicht verkratzte Schellack-Schallplatten rotierten. Natürlich uralte Musik aus Opas Zeiten. Im Radio gab es die "Schlager der Woche" und den amerikanischen Sender AFN. Die passenden Schallplatten erforderten aber einen neuen Plattenspieler, der noch lange auf sich warten ließ. Zur Tanzstunde gingen wir erst mit 15/16

etwa ... dann gab es private Feten, Tanz-Tee und Tanzschulen-Bälle.
In den angesagten Studentenkneipen hatten wir in diesem Alter noch nichts verloren, brauchten meist auch einen Studentenausweis, um eingelassen zu werden, also erst nach dem Abitur und nach der Immatrikulation an der Uni.
... und da fragt mich doch dieser Priester in der Beichte nicht etwa nur, ob ich letztens mal frech gewesen sei, nicht gehorcht, meine Schulaufgaben nicht pflichtbewußt erledigt oder mal ein bißchen geschwindelt oder gar was geklaut oder etwa heimlich geraucht hätte. Nein!
Er fragt mich umständlich umschriebene Fragen, deren Verklausulierung ich in ihrer tatsächlichen Bedeutung nicht verstand. Ich mußte zu Hause meine Mutter fragen, was er denn damit gemeint haben könnte.
Sie wurde wütend ... und ich erst, nachdem sie mir den peinlichen Inhalt dieser Fragen im knallharten Klartext erklärte.
Das war´s dann... Do swidanja, Vater Sergej.

Die christlichen Kirchen waren für mich abgehandelt.
Ich brauchte die antiquierte Gottesvorstellung dieser Institutionen doch sowieso nicht, denn kein Gott ist dazu da, meine mehr oder weniger egozentrischen oder egoistischen Wünsche zu erfüllen.
Soviel wurde mir durch Immanuel Kant bald klar:
"Der gestirnte Himmel über mir und das moralische Gesetz in mir".
Was brauchte ich denn noch mehr?
Ich, das Staubkorn auf einem Staubkorn in einem der unzähligen Universen!

Für manche kann das vielleicht sogar erschreckend sein: Irgendein Schein-Geborgenheitsgefühl geht da vielleicht verloren? Das All ist zu groß und zu leer für die kleine mehr oder weniger heile Welt, die sich mancher so zusammenbastelt? Weihnachten und Ostern haben plötzlich einen anderen oder sogar gar keinen Stellenwert mehr? Großer Gott, wie entsetzlich!

Aber sind sie nicht sowieso lange schon sinnentleerte, nur noch gewohnheitsmäßige Feiertage, die man bestenfalls zu (hoffentlich angenehmen?) Familienzusammenkünften nutzen kann? Falls man das Verkehrschaos während dieser Feiertage nicht scheut.
Und wie oft kommt es nicht zu heftigem Streit, zu feindseligen Übergriffen, ja sogar zu Ehescheidungen während dieser Schenk- und Freß-Feste, an denen oft noch nicht einmal die Kinder Spaß haben, wo sie sich doch immer schon Wochen vorher so darauf freuen?

Ich war immer schon möglichst weit weg von den so beliebten deutschen Weihnachtsfeiern - am besten dort, wo keine Jingles bellen, und die Stille Nacht bei Strandfeuer als fröhliche Wintersonnenwend-Feier zelebriert wird.
"Ja, fehlt dir denn so ein gemütliches deutsches Weihnachtsfest im Kreise deiner Lieben so gar nicht?" wurde ich oft gefragt.
Tut mir leid...nein...Ich bin da ganz anders. Ich fühlte mich einfach nur unsäglich frei und glücklich, wenn ich ohne große Vorankündigung diesem Famlienversammlungswahnsinn mit gefühlsdusseligen Weihnachtsliedern entkommen konnte .... und alle vorwurfsvollen Bemerkungen prallten an mir ab, wie das Wasser am Erpel.

Um noch einmal auf unsere Winzigkeit angesichts der unermeßlichen Universen zurückzukommen - zunächst die frühen Erkenntnisse im Altertum:

Das geozentrische Weltbild

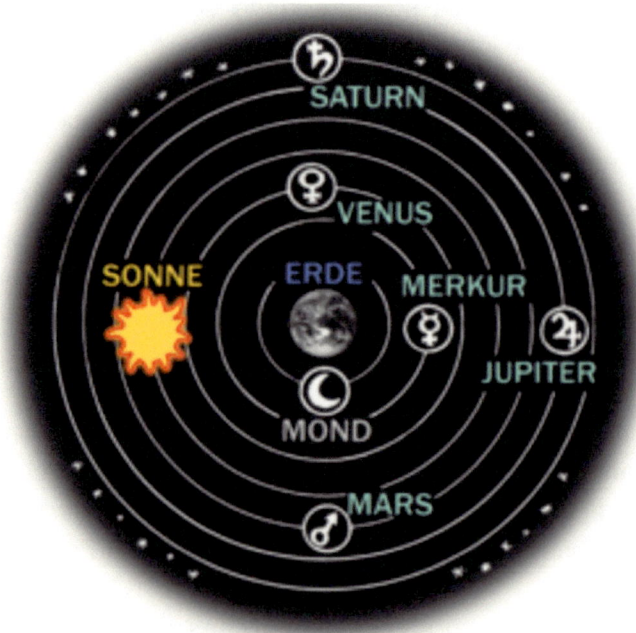

© unknown - aus dem Internet entnommen

Das damalige "Wissen"
(nach Claudius Ptolomäus ca.80 bis 100 n.Chr.):
Die Sonne umkreist mit den anderen Planeten die Erde.

Weltkarte nach Ptolomäus - 150 n.Chr.

Seine »Astronomia« schildert die Erde als eine Kugel und als den Mittelpunkt des Weltalls, um den sich Sonne, Planeten und Fixsterne drehen. Seine »Geographia« gibt ein durch Längen- und Breitengrade abgeteiltes Erdbild. Im Norden enden seine Kenntnisse mit Jütland. Vom fernen Osten weiß er noch nichts und läßt das Land östlich vom Ganges nach Süden abbiegen und dann westlich zurück sich mit Afrika verbinden, so daß der Indische Ozean ein Binnensee wird. Jedenfalls gibt aber Ptolomäus in seiner Erdkunde das umfassendste Wissen des Altertums wieder. Für mehr als ein Jahrtausend (!!!!!) stützten sich alle weiteren Forschungen auf diese seine Grundlage (Wikipedia)

.... und dann ein Riesensprung zu unserem heutigen Wissen:

Sprechen die folgenden Bilder nicht für sich?

>>>>   Entnommen aus dem Internet "Earth in Perspective"

Hier sieht unsere Erde noch ziemlich groß und wichtig aus, aber es ist alles relativ, wie wir gleich sehen werden

spätestens ab hier setzen Sie bitte Ihre Lesebrille auf:

Und jetzt noch diese nächste Stufe: die Erde ist gar nicht mehr zu sehen, unsere Sonne nur noch wie ein Fehler im Film, den man retuschieren könnte ...bitte eine Lupe holen.... und die Frage stellt sich:>>>

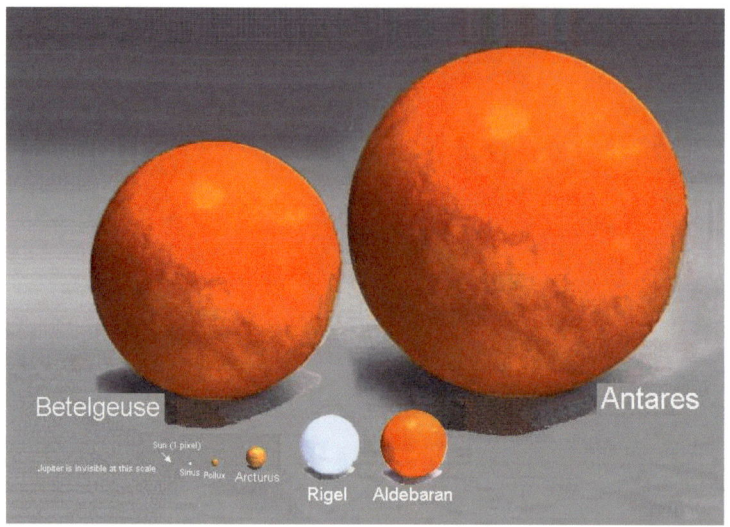

Wo könnte denn dieser anthropomorphe Gott gerade unterwegs sein? ...qui est in coelis - der du bist im Himmel (wörtl. eigentl. der ist in den Himmeln)?...und wo ist denn nun dieser Himmel? Weiß man nicht... aber er hat sicher Besseres zu tun, als die geplapperten Gebete dieser Mini-Wesen auf dem Mini-Planeten Erde anzuhören. So neugierig wie die NSA ist er sicher nicht.
Ergo?
Lassen wir doch das Geschwafel vom gütigen oder vom strafenden Gott, der uns nach seinem Ebenbild erschaffen haben soll. Wer weiß denn, ob es nicht so viel schönere und edlere Malvorlagen da draußen irgendwo im All gibt als ausgerechnet uns? Und was wir tun und lassen auf diesem minimalen Mini-Planeten, ist ihm - existierte er denn tatsächlich - sowas von egal.
Die Astrophysiker haben berechnet: die Sonne dehnt sich aus und wird die Erde in 7,59 Milliarden Jahren komplett zum Verglühen bringen, nachdem sie schon lange zuvor für uns nicht mehr bewohnbar geworden ist.

Na, ja ..ein bißchen Zeit bleibt der Menschheit ja noch, Technologien für eine Umsiedlung auf einen anderen Standort zu entwickeln, wenn es nicht doch schon vorher einen Super-Gau geben sollte.
Da machen wir uns mal vorerst keine Sorgen, oder?

Apropos Sorgen!
..um mein - dein - unser - euer Seelenheil? ...nun ... ich habe - wie sicher die meisten meiner geschätzten Leser-Innen - bisher nicht derart Unverzeihliches getan, was ich länger als notwendig bereuen müßte... und selbst wenn... angesichts solcher Dimensionen interessieren doch niemanden wirklich diese allzu irdischen Peanuts.
Erlöst werden von meinen Sünden muß ich nicht unbedingt, will ich auch gar nicht.. hab darum nicht gebetet... und sowas Komisches wie die Erbsünde habe ich mir auch nicht andichten lassen, denn ich habe das Erbe vorsorglich und fristgerecht abgelehnt zugunsten von Kirchenvater Augustinus, der ja mit ihr viel mehr anzufangen weiß.
Augustinus gilt ja als der "Vater der Erbsünde", kämpfte einen erbitterten Kampf gegen die gegenteilige Lehre von Pelagius († 418), damit dieses Dogma 431 n.Chr. auf dem Konzil von Ephesus endlich durchgesetzt werden konnte. Weder das Judentum noch der Islam haben derlei absurdes Gedankengut je vertreten.
Außerdem... da wäre doch noch die Arche Noah !!!
Gott hat laut AT Noah und seine Familie samt einer Auswahl von Tieren in der berühmten Arche die alles verschlingenden Wassermassen überleben lassen - sie also als einzige des Menschengeschlechts für würdig und sündenfrei befunden. Also spätestens seit dieser Sintflut ist diese von Adam und Eva "geerbte" Sünde mit all den Sündern in den Fluten untergegangen. Also?

Zudem erkenne ich Adam und Eva sowieso nicht als meine Ururur...eltern an, hab also von denen auch nichts geerbt. Die wären nämlich gemäß der Genesis erst vor ca. 5000 Jahren in "Erscheinung" getreten ... und meine Urururururururur-Eltern waren schon viel früher da.
Also mit mir ist das ganze Trara nicht zu machen.
Tschja... so´n Pech aber auch, ihr Zeugen Jehovas! Ihr Kreationisten oder wie sie alle heißen.
Für Kinder gibt es einen so viel schöneren und lieblicheren Mythos der Genesis:
Die männliche Himmelsgottheit vermählte sich in einer heiligen Hochzeit mit der weiblichen Erdgottheit. Aus der mythischen Hochzeit des Elohim und der Edem, die halb Schlange und halb Jungfrau ist, entstand das Paradies. Die Bäume in diesem Paradies-Garten sind die Symbolfiguren für die Engel. Diese Engel nahmen den jungfräulichen Teil der Edem, nämlich Erde, und formten daraus den Menschen. Er entstand mithin aus der Liebe zwischen Elohim und Edem – ging aus der heiligen Vereinigung zwischen Himmel und Erde hervor.
Ist dieser ebenfalls jüdische Mythos nicht viel erbaulicher, viel tröstlicher, viel warmherziger als der uns bekannte im Alten Testament?
Der "Erlösergedanke" - auch wieder mal "einzigartig" für das Christentum: Die Erlösung von unseren Sünden? ...also all den üblichen sonstigen - inklusive Erbsünde?
So ließ sich die als äußerst schändlich geltende Hinrichtung Jesu am Kreuz wunderbar glorifizieren. Aus der Not eine Tugend gemacht - clever eingefädelt von Paulus!
Klar, von wem denn sonst?!
Jesus Immanuel der Christos ist nicht für m i c h ans Kreuz genagelt worden...für keinen von uns... und ich schwöre,ich hab mit ihm und seiner rebellischen Vereini-

gung nichts zu tun gehabt in einem evtl. früheren Leben.... und außerdem ist er gar kein Gott oder Gottes Sohn - oder aber nur soviel wie ich ebenfalls eine Gottes-Tochter bin... falls sich denn dieser anthropomorphe Gottvater oder Vatergott doch noch zwischen den Tausenden von Galaxien irgendwo beim Mittagsschläfchen erwischen lassen sollte.

Ich bin früh schon an Nietzsche geraten ... sein Zarathustra wurde meine Bibel - und ist er bis heute.

Wer Friedrich Nietzsche zum Atheisten erklären will, der hat ihn nie richtig gelesen, geschweige denn verstanden. Vieles ist in seinen durchaus sehr oft wider-sprüchlichen Texten zu finden, was auf Atheismus schließen ließe, aber mindestens genau so vieles zeigt seine tiefgehende Spiritualität... und diese Spiritualität ist eine völlig freie Lebensphilosophie und nicht an irgendeine Konfession gebunden. Bei all sei-ner Ehrerbietung Jesus gegenüber: Christ konnte er natürlich nicht mehr sein, nachdem er Paulus als Fälscher entlarvt hatte und zurecht vermutete, daß *"die Christenheit seit 2000 Jahren an der Nase herumgeführt werde"*. (>> das Kapitel über Nietzsche in DER KUSS DER WEISSEN SCHLANGE von Alexa Rostoska). Ich zitiere ihn gern und oft, weil er mir so voll und ganz aus der Seele spricht.

Was war Nietzsche, wenn kein Atheist?

Es bietet sich Verschiedenes an: ein Agnostiker ? Definitionsgemäß und nicht ohne Verrenkungen in atheistische und theistische Agnostiker unterteilt.

Karlheinz Deschner († April 2014) bezeichnete sich als Agnostiker - wohl eher atheistischer Art. Ganz genau weiß ich es nicht.

Ich war lange für mich selbst auf der Suche. Ich glaube, ich weiß es jetzt.

Agnostikerin oder Atheistin? Nein! Zu mir paßt beides nicht so recht... aber eins paßt:
ich bekenne mich als Pantheistin im Sinne von Giordano Bruno... die vorangegangenen Abbildungen haben das andeutungsweise schon bekundet.

Die Immanenz eines universalen kosmischen Gesetzes, das man in tiefer Ehrfurcht auch als das Göttliche bezeichnen kann.

Also kein Gott als Person, auch nicht zwei oder drei - keine Hierarchien und schon lange nicht deren anmaßende Vertreter. Daß ich hier das Ergebnis einer jahrzehntelangen Entwicklung vorwegnehme, läßt sich denken. Denn so schnell und so einfach geht das ja nicht vor sich, eine durch und durch andere Sicht der Dinge zu erarbeiten und zu erfahren.

Giordano Bruno
wurde in Rom im Febr.1600 auf dem Campo de Fiori auf dem Scheiterhaufen verbrannt: als Ketzer, der für seine Überzeugungen eintrat. 7 lange Jahre Haft haben ihn nicht dazu gebracht zu widerrufen.

Bruno ist einer der wichtigsten Vertreter einer panpsychistischen Weltanschauung, die besagt, daß überall im Kosmos geistige Eigenschaften vorhanden sind.

Von den christlichen Kirchen wird meistenteils **Atheismus** und Pantheismus noch immer gleichgesetzt. Denn eine Anschauung ist so unbequem wie die andere.

Seinem naturphilosophischen Ganzheitsdenken ist es zu danken, daß Bruno viele Erkenntnisse der modernen Naturwissenschaften vorwegnehmen konnte, bevor sie beispielsweise u.a. von Galilei bewiesen wurden.

Gemäß den Prinzipien seiner Naturphilosophie glaubte Bruno nicht nur, daß das **Weltall** unendlich ist, sondern daß es auch unendlich viele Lebewesen auf anderen Pla neten im Universum gibt. Eine logische Schlußfolgerung des Gedankens, daß einer allmächtigen und unendlichen Gottheit auch nur ein unendliches Universum entsprechen kann, denn alles andere wäre einer unendlichen Gottheit nicht würdig.

Bringt es das nicht haargenau auf den Punkt?

Ein paar Worte mehr zu
Giordano Bruno:
er war nicht nur ein einzigartig universeller Geist, sondern auch ein wunderbarer Spötter und hat den Klerikern so manchen Seitenhieb versetzt. Im Umgang mit dieser klerikalen Sorte Mensch darf einem sowieso nie der Humor abhanden kommen. Ich zitiere aus:

Die Kabbala des Pegasus. (*)
Dieser Titel ist schon von vornherein ein kräftiger Spott. Denn hinter seinem ´´Pegasus´´ versteckt sich ein geflügelter Esel. Aber es kommt noch besser:

... weil ich nicht für unpassend halte, daß wer unwissend ist, da er unwissend ist, dumm ist, und wer dumm ist, da er dumm ist, ein Esel ist, alle Unwissenheit aber Eseltum ist....Weil unser Wissen Nichtwissen ist oder weil es kein Wissen von irgendeiner Sache gibt oder weil, wenn es zu jener auch irgendeinen Zugang geben sollte, dann dieser nur durch die Tür führen kann, die von der Unwissenheit geöffnet wird, die selbst Weg, Türsteher und Tür ist. Wenn Sophia die Wahrheit nun also durch die Unwissenheit entdeckt, dann entdeckt sie sie folglich durch Torheit und folglich durch Eseltum. So

(*) Alexa Rostoska: DER KUSS DER WEISSEN SCHLANGE

daß also derjenige, der einer solchen Erkenntnis teilhaftig wird, etwas von einem Esel hat und an dieser Idee teilhat.*

Bis hierher ist das ja noch ganz allgemein gesagt und richtet sich gegen die Besserwisser und Schlauberger, huldigt somit dem *scio - nescio*, also dem Bekenntnis ''ich weiß, daß ich nichts weiß'' des alten Sokrates. Ich muß soweit ausholen, um einen Eindruck zu vermitteln, wie er Schritt für Schritt seine Leser mitdenken läßt, um sie auf seine Fährte zu locken, so daß ihnen am Ende keine jähe Kehrtwendung in die Ablehnung mehr gelingen kann, sie später eigentlich kaum ohne anstrengende Begründung umkehren und ihm die Gefolgschaft versagen können. Sehr geschickt!

Denn was jetzt folgt, kann dann erst so richtig zur Geltung kommen.

Er teilt nämlich die Unwissenheit, die er Eseltum nennt, in drei Kategorien ein:

*Die erste Art verneint immer, weshalb sie die verneinende Unwissenheit genannt wird, denn sie wagt nie, Positives zu behaupten.
Die zweite Art zweifelt immer und wagt nie, etwas festzustellen oder zu bestimmen.
Die dritte Art glaubt, daß alle Prinzipien bekannt, bewiesen und auf sicherem Beweisgrund offenbar sind, ohne Beweis und Anschauung.
Die erste Art ist gekennzeichnet durch den dunklen, flüchtigen und irrenden Esel. Die zweite durch eine Eselin, die zwischen zwei Wegen steht, ohne sich entscheiden zu können, auf welchen der beiden sie ihre Schritte lenken soll. Die dritte durch eine Eselin mit ihrem Füllen, die auf ihrem Rücken den Erlöser der Welt tragen, wobei die Eselin(wie die heiligen Doktoren lehren)

ein Symbol des jüdischen Volkes ist, und das Füllen ein Symbol des christlichen Volkes, das als kirchliche Tochter von der Mutter Synagoge geboren wurde, weswegen also sowohl diese als auch jene zum gleichen Stamm gehören, der auf Abraham, den Vater der Gläubigen, zurückgeht.
Diese drei Arten der Unwissenheit führen wie drei Äste auf einen Stamm zurück, in dem vom Archetyp aus das Eseltum wirkt....*

soweit Giordano Bruno.
Der dritten Art des Eseltums ordnet er übrigens auch den ´´Tarsenser´´ zu, womit er Paulus meint, der in Tarsus geboren wurde.

Die Chefetage behauptet, alles zu wissen - ohne Beweise und Anschauungsmaterial. 1,25 Milliarden Katholiken stimmen dem aktiv oder passiv zu ..und weil es so viele sind, die irren, kann es kein Irrtum, muß es wahr sein.
                Logisch? - Nein: theologisch !
Die eigentlichen Gotteslästerer sind die Anhänger monotheistischer Gottesvorstellungen. Sie degradieren die universale Gottheit und machen sie zu einer mickrigen Figur in Gestalt eines Christengottes, eines Allah oder Jahwe, verorten diese in einen watte-wolkig weich gespülten Himmel oder in ein wie immer geartetes Paradies - in variantenreichen materialistischen Vorstellungen, die - wäre es nicht so traurig - wahre Lachsalven auslösen müßten....
.....und dieser Gott-Patriarch, der angeblich Allmächtige, erlaubt einem Teufel, die Menschen in der Hölle zu verderben......also doch nicht allmächtig? ... und liebend schon gar nicht! Gott macht also gemeinsame Sache mit dem Teufel? Eliphas Levi empörte sich genauso darüber

wie auch Kierkegaard und viele andere Philosophen.

In den Köpfen dieser Kleriker ist ja meist das heliozentrische Weltbild unserer Galaxie noch nicht so richtig angekommen. Evolution ist noch immer ein Reizwort, Beweise der Archäologie zum wahren Alter unseres Planeten das reinstes "Teufelswerk".
Wirklich teuflisch hingegen sind die sogenannten "heiligen" Bücher: das **AT und** auch das **NT** - vom Talmud gar nicht zu reden. Den Koran lassen wir auch mal außen vor, (aber eine Empfehlung >>>siehe S.102).
Wer jetzt empört ist, der hat die Bibel nie wirklich gelesen... will es einfach nicht wahr haben oder verkriecht sich mal wieder hinter falsch gedeuteter "Symbolik", die man ja nicht so wörtlich nehmen dürfe. Stichproben im AT lassen schnell erkennen, daß das damalige Verständnis von Gott und der Welt noch äußerst archaisch-grausam war. Taucht man aber tiefer ein, tritt aus den Texten der eifersüchtige Rächergott Jahwe hervor, der unsympathischer, ja gemeiner und menschenfeindlicher gar nicht sein kann:
mordlustig, kriegshetzend, eifersüchtig und alles andere als gerecht in seinem unumstößlichen, vernichtenden Urteil. Selbstverliebt und ohne Liebe für die Menschen.

Es wird endlich auch mal Zeit, mit Lieblingsfiguren wie **König David**, dem "Friedenskönig", etwas aufzuräumen: David war, bevor er König wurde, ein gefürchteter Plünderer und Brandschatzer und *"ließ weder Mann noch Frau am Leben" (1Sam27.9,11)*. Auch als König war er mordlustig. Er ließ unter dem Vorwand, eine Hungersnot abzuwenden, 2 Söhne des Saul namens Armoni und Meribal und 5 Enkel des Saul durch die Gibeoniten hinrichten. Gott "verlange" dieses Menschenopfer, unter welchem Vorwand er Rivalen und

Konkurrenten immer auszuschalten wußte.
Ein Brandschatzer, Mörder, Ehebrecher "bereichert" also als Urahn den Stammbaum Jesu - so er denn der Sohn des Josef gewesen ist.
Aber ...halt... das geht ja nicht. Ist ja der omnipotente Heilige Geist, der die Befruchtung Mariens vollbracht hat und damit das Wunder der Jungfrauengeburt. Gar nicht besonders originell, denn das gab es alles schon im alten Ägypten, im Orient, in Fernost, in so ziemlich allen alten Religionen. Mußte das also schon deswegen auch bei Jesus unbedingt so sein?
Außerdem hat der Soldat Elhanan den Riesen Goliath getötet und nicht David. (2 Sam 21,19).
Als Herrscher hat David seinen Feldherrn Urija in einen weit entfernten, gefährlichen Krieg entsendet, aus dem er nicht lebend wiederkommen sollte. Er hatte sich nämlich dessen schöne Frau Bathsheba angeeignet.
Auf einen Vorfahren wie diesen kann man doch nicht allen Ernstes stolz sein - zumal er von Gott verflucht ist:
2 Sam12,9 f
Dem Herrn aber mißfiel, was David getan hatte und er verfluchte ihn. "Niemals wird das Schwert von deinem Hause weichen, weil du mich verachtet hast"

Die Bibel ist so voll von Scheußlichkeiten, daß einem übel werden kann. Das mit Abstand Abscheulichste, was mir in der "heiligen" Schrift begegnet ist, so daß man keine Worte findet:

1.Mose 19, 2-8: *die Töchtervergewaltigung.*

"Meine Gäste", sagte er (Lot), "ich bin euer Diener. Kehrt bei mir ein. Ihr könnt euch waschen und bei mir übernachten. Und morgen könnt ihr weiterreisen". Er lud

sie zum Essen ein und buk ein Brot. Da umstellte Gesindel aus Sodom das Haus und verlangten die Herausgabe der Gäste.
„*Wir wollen uns über sie hermachen!*" *Lot weigerte sich aber. "Ach, meine Brüder!", rief er. "Tut doch nicht so etwas Übles! Ich will euch statt dessen meine zwei noch jungfräulichen Töchter herausbringen. Macht mit ihnen, was euch gefällt, aber verschont meine Gäste, denn sie stehen unter meinem Schutz.*"

Die beiden armen, unschuldigen Kinder wurden vor der Haustür am nächsten Morgen tot bzw. halbtot und geschändet aufgefunden.
Ist diese Unmenschlichkeit noch zu überbieten? KeinTier täte so etwas seinem eigenen Nachwuchs an.
Ich bin auf diese Textstelle durch Uta Ranke-Heinemann aufmerksam geworden.Die ehemalige katholische Theologie-Professorin weist eine Fülle von unerträglichen Bibeltexten in ihren Büchern nach:

"NEIN UND AMEN -
mein Abschied vom traditionellen Christentum"
und
" EUNUCHEN FÜR DAS HIMMELREICH".

Sie selbst - das sei hier kurz eingeflochten - ging ihres Lehrstuhles verlustig, weil sie abstritt, daß nach Jesu Geburt bei Maria noch ein völlig intaktes Hymen vorhanden gewesen sei - und zwar physiologisch (!) und nicht etwa nur symbolisch. Die Chefetage im Vatikan sah das anders und reagierte, wie sie immer reagiert, wenn sie bei einer Dummheit ertappt wird und ihr das mißfällt: Papa-Ratzi (Papst Benedikt XVI. alias Joseph Ratzinger), der Consemester von Uta Ranke-Heinemann war, sie also persönlich kannte, ließ sich auf kein Gespräch mit ihr ein, sondern enthob sie kurzerhand des Lehramtes.

2. Mose 32, 7-29:
Da sagte Gott zu Mose: "Geh, steig hinunter, denn dein Volk, das du aus Ägypten geführt hast, hat alles verdorben. Sie sind bereits von meinen Geboten abgewichen, denn sie beten einen Götzen an....
Ich werde meine Wut an ihnen auslassen und sie vertilgen". ....
Mose kehrte um und stieg vom Berg hinunter. In der Hand hielt er die beiden Gesetzestafeln.
Gott persönlich hatte den Text darauf beidseitig eingraviert. .... Mose stellte sich an den Eingang des Lagers und rief: "Her zu mir, wer für Gott ist!" Da sammelten sich alle Leviten um ihn. Er sagte zu ihnen: "So spricht unser Gott: Holt eure Schwerter .... jeder erschlage seinen Bruder, Freund und Nächsten". Die Leviten gegehorchten und töteten an jenem Tag etwa dreitausend Menschen. Darauf sagte Mose zu ihnen: "Gott belohnt euch mit seinem Segen, weil keiner von euch den eigenen Sohn oder Bruder verschont hat".

Wem verschlägt das nicht den Atem?...
Ist das nicht ein Gott zum Gruseln? Wozu braucht man noch Teufel und böse Geister, wenn man so einen grauenvollen Gott hat?

5. Mose 32,4

„*Gott ist ein Fels. Seine Werke sind unsträflich; denn alles, was er tut, das ist recht. Treu ist Gott und kein Böses an ihm; gerecht und fromm ist er!*"

Alles Böse darf Gott tun, denn bei ihm ist es unsträflich, gerecht und fromm! Das ist die Thora, an der Jesus kein Jota verändern wollte: Jesus Christus, der Erlöser, der Heilsbringer, der Prophet und später noch zum Gott als Gottes Sohn hochstilisiert.

3. Mose 21, 16-23: *Gott sagte zu Mose:*

"Wenn einer deiner Nachkommen ein Gebrechen hat, darf er nicht zum Altar kommen. Denn keiner, der ein Leiden hat, darf in meine Nähe kommen: Kein Blinder oder Lahmer, kein Krüppel, keiner, der missgebildet ist, keiner, der ein Arm oder ein Bein gebrochen hat, kein Buckliger oder Kleinwüchsiger, keiner, der eine Augen- oder Hautkrankheit hat. .... Wegen seines Gebrechens darf er sich dem Altar auch nicht nähern, damit er mein Heiligtum nicht entweiht."

Grausamkeit und Unbarmherzigkeit pur... Jesus sagte später in der Bergpredigt :"Selig sind die Barmherzigen". Hat er also diese Textstelle des AT nicht gekannt? Tatsächlich ist die "Bergpredigt" schon lange vor Jesus so ähnlich aufgetaucht, also mal wieder so ein von den Evangelisten "hinein gedichteter" Text, schlicht "Plagiat" genannt?

3. Mose 26, 27-33 *(Gott spricht):*

„Wenn ihr mir dann noch immer noch nicht gehorcht und widerspenstig seid, dann bestrafe ich euch in meinem Zorn noch siebenmal härter für eure Sünden. Dann werdet ihr das Fleisch eurer eigenen Kinder fressen müssen. Ich werde eure Götzen und Altäre zerschlagen. Ich werde euch verabscheuen und eure Leichen auf die

Trümmer werfen. Eure Städte werde ich in Schutt und Asche legen und das Land so verwüsten, dass sich selbst eure Feinde darüber entsetzen. Ich werde euch mit gezücktem Schwert verjagen und unter alle Heiden zerstreuen."

Gott will unfolgsame Menschen zur Strafe zu Kannibalen machen und ihre eigenen Kinder auffressen lassen? Es ist nicht die einzige Textstelle, wo Menschen angedroht wird, daß sie sich gegenseitig auffressen müssen.
Wie widerlich und ekelerregend ist das denn?

4. Mose 5, 12-31:

Wenn ein Mann seine Frau der Untreue verdächtigt oder auch nur, wenn er ohne Grund eifersüchtig ist, muss er sie zum Priester bringen. Dort muss sie demütig einen speziellen Saft trinken. Hat sie danach Blähungen, ist sie schuldig und muss die Folgen ihrer Missetat tragen (Anm.:auf Ehebruch steht die Todesstrafe via Steinigung.) Ihr Liebhaber ist hingegen unschuldig, denn er ist ein Mann. (!!!)

Selbst, wenn diese Frau vergewaltigt worden sein sollte. Er ist unschuldig - er ist ein Mann. Sie kann erst gar kein Gehör vor bei einem gerechten Tribunal finden.
Die letzten Steinigungen von Frauen sind noch nicht lange her. Wir erinnern uns an die Unterschriften-Sammlungen im Internet für die Begnadigung einer Frau im Iran und später noch für eine schwangere Frau in Nigeria. Wir erinnern uns mit Schaudern auch an den emotionsgeladenen Prozeß einer Frau, die ihren Säureattentäter vor Gericht sehen wollte. Durch die weltweite Empörung konnten die Richter die Anklage nicht abwei-

weisen und einfach tot schweigen, sondern sie mußten diesen Verbrecher vorladen. Das Urteil war archaisch: Ihr wurde erlaubt, dasselbe mit ihm zu tun, so daß er ebenfalls genau wie sie von der Säure erblinden und entstellt werden sollte.
21.Jahrhundert **n.**Chr. und nicht 1.000 Jahre **vor** Chr.!!!
Sie tat es nicht - wir zollen ihr Respekt!
Vergewaltigungen sind in Indien an der Tagesordnung - auch wenn durch die weltweite Aufmerksamkeit an den Pranger und neuerdings unter hohe Strafe gestellt. Immer wieder - und gerade erst kürzlich - schaurige Berichte über derartige Gewaltakte gegen junge Frauen - und immer wieder sogar mit Todesfolgen

5. Mose 7, 1-6 *(Gott führt die Juden nach Israel):*

Gott gibt euch dieses Land und rottet die angestammten Völker aus, selbst wenn sie größer und stärker als ihr sind. Er liefert sie euch aus und ihr müsst sie vernichten. Du darfst sie nicht verschonen und keinen Bund mit ihnen schließen. Du darfst dich nie mit ihnen verschwägern, denn sie würden deine Nachkommen verführen, sich von Gott abzuwenden und anderen Göttern zu dienen. Reißt also ihre Altäre nieder, zerschlagt ihre Säulen, haut ihre Aschera-Pfähle um und verbrennt ihre Götterbilder. Denn ihr gehört nur Gott. Er hat euch aus allen Völkern der Erde auserwählt und zu seinem Eigentum gemacht.

Diese Bibelstelle trägt auch dazu bei, dass noch heute ein friedliches Zusammenleben von Palästinensern und Israelis kaum vorstellbar ist.... und so kann man vortrefflich die Siedlungspolitik in Israel rechtfertigen:
Israel ist das auserwählte Volk. >>>

5. Mose 12, 29:

Gott wird alle Heiden vor dir ausrotten, damit du ihr Land besetzen kannst, um darin zu wohnen

Jesaja 40, 15-17:

Siehe, die Heiden sind nicht mehr wert als ein Tropfen, der im Eimer zurück bleibt oder ein Rückstand in einer Waagschale.... Sie gelten nichts vor Gott.

Wer mag, kann weiter forschen und wird seitenweise noch so manches Ungeheuerliche aufspüren können.

Ja, aber das **Neue Testament...Die Lehre JESU !!**... Na, dann.. schaun mer mal . . .

Das NT...ein erbauliches Buch der Liebe?

Steigen wir doch gleich mal ein in ein paar der uns vorgelegten Schriften der Evangelisten...

Matthäus 5, 17-19 (Jesus sagt):

"Ihr könnt nicht hoffen, dass ich die Vorschriften und Drohungen der Propheten (= Altes Testament) abschaffen werde. Ich bin vielmehr gekommen, um sie zu bestätigen. Solange die Welt besteht, wird mit Sicherheit kein einziger Buchstabe von den Schriften geändert, alles wird sich erfüllen. Wer die Menschen veranlasst, auch nur die unbedeutendste Vorschrift zu missachten, gilt nichts vor Gott. Wer seine Vorschriften aber beachtet, ist für die Menschen ein Vorbild und wird von Gott hoch geachtet".

Jesus steht voll hinter dem AT, will - wie anderswo schon verkündet - kein Jota der Schrift ändern oder auch

nur modifizieren - zumindest wenn man Matthäus glauben will oder als gläubiger Katholik auch glauben **muß**.
Angesichts solch fürchterlicher Texte, die nur eine kleine Auswahl ähnlich übler Art darstellen, müssen einige Fragen erlaubt sein:
Hat Jesus die Thora je gelesen?
Konnte er eigentlich lesen und schreiben?
Aramäisch, Hebräisch und / oder Griechisch?
Wenn Ja:
wie schrecklich, derart menschenverachtende Texte zu verteidigen, die richtig bösartig sind ... und
wenn Nein:
ebenso schrecklich, denn wie kann er eine Schrift als unumstößliches Gesetz propagieren, wenn er sie gar nicht kennt?
Der von Paulus zum "Erlöser" ernannte Jesus also ein eher fragwürdiger "Prophet"? Jesus nicht, aber Paulus ist durch und durch fragwürdig - wie katholische Historiker sogar zugeben. Jesus ist als historische Gestalt meistenteils unter Fachleuten anerkannt, aber eben nicht bei allen. Es bleibt also ein Rest begründeten Zweifels, ob es ihn tatsächlich gegeben hat, sprechen doch einige Indizien eher dagegen, wie kompetente Historiker wie Karlheinz Deschner nachweisen.
Alle berechtigten Vorwürfe und Zweifel prallen allerdings in der Chefetage der katholischen Kirche ab wie ein Ball an einer Betonwand. Werden die Kritiker - Häretiker genannt - auch nicht mehr als Ketzer auf dem Scheiterhaufen verbrannt, so straft man sie eben mit Nichtachtung (bestenfalls) oder exkommuniziert sie kurzerhand. Man sitzt eben im Vatikan nach 2 Jahrtausenden immer noch recht sicher und fest im Sattel.
 Der Vatikan hat sich ein noch dickeres Fell zugelegt, seit Martin Luther die Bibel übersetzt und somit auch für

Laien zugänglich gemacht hat. Die schnelle Verbreitung der "Luther-Bibel" war der Entwicklung der Buchdruckerkunst durch Johannes Gutenberg zu verdanken.

Eine Erneuerung der Texte, für die die Zeit damals ebenso reif war, wie sie es noch immer ist, fand leider nicht wirklich statt, dafür aber jede Menge Fälschungen.

Man lächelt in der Chefetage weiterhin milde mit erhabener Eitelkeit, schließt Abtrünnige und "Gotteslästerer" einfach vom "Tisch des Herrn" aus und läßt wie gehabt den Segen "Urbi et Orbi" über dem Petersplatz ertönen.

Kein Fortschritt in Sicht, solange die Oberhirten der bibeltreuen Christen keinerlei Kritik dulden, die angeblich eine Todsünde ist und zur ewigen Verdammnis führt.
Wie auch?
Wenn doch katholische wie evangelische Christen, Kreationisten, die Zeugen Jehovas und noch etliche andere religiöse Gruppen noch immer glauben, daß die Bibel - von Gott höchstpersönlich in den menschlichen, allzu menschlichen Schreibstift diktiert und zur Aufzeichnung gebracht - Recht hat, die Erde erst 5.000 Jahre alt und Evolution ein verpönter, wenn nicht gar ein verbotener Begriff ist?
Rückständigkeit bis zur Unerträglichkeit, ja bis zur Lächerlichkeit - bis heute. Papst Wojtyla "rehabilitierte" den bedeutenden Wissenschaftler und Entdecker Galileo Galilei im Jahre 1992: 350 Jahre nach seinem Tod!!! Seine "Heiligkeit" - ein echter Komiker? oder etwa nicht? Von den vielen anderen Exkommunikationen hochqualifizierter "Abweichler" nicht zu reden. Ihre Bücher sind im Internet schnell aufzufinden. Das wenigstens kann die katholische Kirche nicht mehr verhindern.
Wie vorsintflutlich darf eine Kirche heutzutage sein?

Der von der katholischen Kirche erstellte Index für nicht genehme Publikationen war (ist?) prall gefüllt: dort fand man - wen könnte das überraschen - Dichter wie Goethe und so ziemlich alle Philosophen wie selbstverständlich Immanuel Kant, wie auch Friedrich Nietzsche aufgelistet. Alle Autoren des Index durften von Katholiken keinesfalls gelesen werden.

Als Nummer 1 hätte die Bibel auf diesem Index stehen müssen: das hätte den Vorteil oder vielleicht auch den Nachteil gehabt, daß - gerade weil verboten - so mancher dieses Buch tatsächlich gelesen hätte.

Daß das gesamte NT ein einziges Plagiat darstellt: hat sich das wirklich noch nicht so ganz herumgesprochen?... wenn ja, wird dem heftig widersprochen.
Die Wahrheit ist:
Nichts ist neu oder originell. Alles, aber auch wirklich alles ist anderswo schon lange zuvor so beschrieben: die Trinität, die Verkündigung, die Jungfrauengeburt, die Taufe, Kreuzigung und Auferstehung etc. ... alles, jedes Detail, alle Kleinigkeiten...alles schon da gewesen.

Der "Verstoß gegen den Index" wurde als "Versündigung" ja auch wieder abgeschafft, weil man sich dort jede Menge Anregungen für die Lektüre holen konnte. Er war im Sinne der Kirche also konterproduktiv.

Wenden wir uns den "überlieferten" und von der katholischen Kirche "anerkannten" Texten der Evangelisten zu, wo Jesus "wörtlich" zitiert wird, nachdem er schon Jahrzehnte nicht mehr unter den Lebenden weilte und nie auch nur eine einzige geschriebene Silbe hinterlassen hat. Fast alles gefälschte Texte: es sind keinerlei Originale vorhanden, sondern nur Abschriften von Abschriften von Abschriften, die in die Tausende gehen: der in alle Sprachen übersetzte Bestseller. Und jedesmal war der eigenen "Kreativität" der Schreiberlinge keine Grenzen gesetzt. Das war seinerzeit durchaus üblich.

Matthäus 7, 7 *(Jesus spricht):*

Bittet, so wird euch gegeben; suchet, so werdet ihr finden; klopfet an, so wird euch aufgetan.
　　　　Wie schön... wie herzensgut ... wie erbaulich... wäre da nicht alles über den Haufen geworfen bei

Lukas 13, 23-27:
　　　　wo eben mancher vergeblich anklopfen wird >>>

Die Zulassung (zum Himmelsreich) ist sehr schwer, ihr müsst darum kämpfen. Vielen wird es nicht gelingen, hinein zu kommen. Wenn die Türe einmal geschlossen ist, werden noch viele draußen stehen. Wenn sie dann an die Tür klopfen und um Einlass bitten, werde ich sie abweisen, ich werde sie nicht mehr kennen, auch wenn sie mit mir gegessen und getrunken und meiner Predigt zugehört haben. Ich werde sie als Übeltäter wegschicken.
Hoppla - was ist das denn?　Nanu?
Stellt euch vor, Jesus steht hinter dieser Tür im Himmelreich
　　　　　　　　... und keiner geht hin!
Aber zum Glück gibt es ja diese komische, undurchdringliche Tür nirgendwo da oben in der Galaxie... und wer hätte nach folgendem Jesus-Zitat bei Matthäus wirklich noch Lust, dort anzuklopfen?

Matthäus 10, 34-39
„*Viele glauben, dass ich als Friedensbringer gekommen bin. Das ist falsch, ich bringe nicht Frieden, sondern Krieg . Ich werde die Kinder gegen ihre Eltern aufwiegeln*

und die Familien spalten, so dass die eigenen Hausgenossen zu Feinden werden. Wer seine Eltern oder seine Kinder mehr liebt als mich, kann nicht zu mir gehören. Wer nicht bereit ist, meinetwegen zu leiden, kann mir nicht folgen. Er muss bereit sein, für mich sein Leben aufzugeben, denn er wird durch mich ein neues Leben finden."

Jesus - Friedensstifter ....oder ...
                      ein "echter Sohn des rabiaten David"?
Wie war das doch gleich:
        Du sollst Vater und Mutter ehren...???

Zu den Heiden hatte Jesus eine sehr feindliche Einstellung. Sie zu missionieren und ihnen das "wahre Wort Gottes" (was auch immer darunter zu verstehen ist) zu verkünden, hatte er zu keiner Zeit im Sinn. Da er an das nahe Ende der Welt glaubte und dies auch eindringlich predigte, wäre es sowieso die reinste Zeitverschwendung gewesen, sich mit so einer langfristig anzulegenden Kampagne zu befassen. Es ging ihm nur um seine Landsleute, genauer gesagt um die Juden und nicht um Heidenbekehrung.
Dieser "göttliche" Endzeit-Irrtum zieht sich durch die Evangelien wie ein roter Faden.
Zudem geht doch auch das AT sehr drastisch und überaus unmenschlich mit fremden Völkern um.
Davon weicht Jesus nicht wirklich viel ab.

Matthäus 12, 18 *(Jesus zitiert, was Gott über ihn sagte):*

„Siehe, das ist mein Knecht, den ich auserwählt habe, er gefällt mir. Ich werde ihm meinen Geist eingeben, und er soll den Heiden das <u>Gericht</u> verkünden."

...auch wenn sie friedfertig sind, brave Menschen, die gut sind zu ihren Familien, zu ihren Nachbarn und freundlich zu Fremden?
Warum denn?

Matthäus 15, 13: *Jesus antwortete und sprach:*

Alle Pflanzen, die mein himmlischer Vater nicht pflanzte, werden ausgerottet.

Warum denn? Ist nicht alles auf der Erde von Gott erschaffen? Pflanzen ausrotten, weil sie vermutlich von den Heiden gepflanzt wurden? .... und wer rottet sie aus? ... und was können die Pflanzen dafür, daß sie so erbarmungslos vernichtet werden? Jetzt komme mir bitte keiner schon wieder mit irgendeiner "Symbolik" eines zornigen, eifersüchtigen Jahwe, die man nicht so wörtlich nehmen müsse.

Matthäus 15, 22-24:
erzählt von einer fremdenfeindlichen Äußerung Jesu:

Da kam eine fremde Frau rief: "Herr, erbarme dich meiner! Meine Tochter wird von einem Dämon geplagt". Aber Jesus antwortete nicht. Schließlich drängten ihn seine Jünger, sie abzuwimmeln, "denn sie kreischt dauernd hinter uns her!" Er wollte aber nicht: "Ich bin nur für die Unglücklichen der Israeliter da".

Bei Jesus also eine "Zweiklassen-Heilung"... seine Wunderheilungen nur für das eigene Volk - nicht für Fremde? Sollte jemand mal in Deutschland oder einem anderen westlichen Land einen ausländischen Schwerkranken abweisen: unterlassene Hilfeleistung würde zu erheblicher Strafe vor Gericht führen... und zu Recht!

Mal ganz abgesehen davon, daß doch jeder von uns nach eigenen Kräften einem Hilfebedürftigen helfen würde - normalerweise wenigsten, oder etwa nicht? Wie war das mit:

MT 11,21

"Kommt zu mir, die ihr mühselig und beladen seid" ?

Nur die Mühseligen des eigenen Volkes?

Matthäus 18, 5 *(Jesus spricht):*

Wer einen Gläubigen auch nur ein wenig ärgert, sollte mit einem Mühlstein am Hals im tiefsten Meer ersäuft werden.

Ist es da verwunderlich, daß es in einigen "christlichen" Ländern immer noch die Todesstrafe gibt? Einen Gläubigen - sprich einen Juden (denn andere sind in Jesu Augen ja nicht gläubig) - ein wenig ärgern... und er wird mit einem Mühlstein in die Tiefen des Meeres versenkt? Man stelle sich mal ein normales Gerichtsverfahren in einem unserer üblichen Gerichtshöfe vor - in welchem Land auch immer:
wie würde Jesus dann jemanden bestrafen wollen, der bei Rot über die Ampel fährt oder der falsch parkt - geschweige denn in einem kleinen Verkehrsunfall eine auch noch so geringe körperliche Verletzung verursacht? Eine so unverhältnismäßig grausame Strafe ist selbst bei den wildesten Völkern grauer Vorzeit nicht denkbar.
Jesus aber sagt so etwas in **un**-gerechtem Zorn? Noch einmal erscheint dieser Mühlstein zur oben geschilderten Bestrafung : **MK 9,42**

Ist dies etwa beispielhaft für die immer wieder beschworene "christliche Ethik", an der sich das "christliche" Abendland erbauen und orientieren soll - muß - darf?

Die schon im AT propagierte, von Christen viel zitierte und bemühte "Nächstenliebe" (Lev.19,18) wird auch meist nicht richtig eingeordnet: ist doch damit nur der Nachbar oder jemand aus dem eigenen Volk gemeint - keinesfalls ein x-beliebiger Fremder.... und die Römer schon gar nicht.Bei den alten Griechen gab es für "Gastfreund" und "Fremder" das gleiche Wort : Xenos. Eine wundervoll andere Mentalität läßt sich da erkennen.

Matthäus 22, 1-14 *(Jesus erzählt ein Gleichnis):*

Ein König (= Gott) veranstaltete ein Festmahl, aber die Gäste schlugen seine Einladung aus. Da lud er die Landstreicher ein, und sie kamen. Einer von ihnen war aber nicht festlich genug gekleidet. Der König ließ ihn fesseln und in die Finsternis werfen, wo Heulen und Zähneklappern herrschten. Jesus sprach: Es sind eben viele berufen, aber nur wenige sind auserwählt.
...?? ??? ???

Da war Sankt Martin aber wesentlich netter zu dem hungernden und frierenden Bettler!

(Free Download aus dem Internet, ©unknown)

Der König lädt Landstreicher ein und behandelt dann einen Mann mies, weil er nicht festlich genug angezogen ist? Ist der aus Unhöflichkeit so angezogen? ...oder so arm, daß er nichts anderes zum Anziehen hat ?...
...und warum geht dieser "König" nicht mit ihm in seine sicherlich reichhaltige Kleiderkammer und sucht ein Gewand für ihn aus?

Matthäus 25, 14-30:

Der Herr gab seinen Dienern Geld und freute sich über diejenigen, die es ihm mit 100% Zinsen zurück zahlten. Denn er liebte es zu ernten, wo er nichts gesät hatte und einzusammeln, wo er nichts gegeben hatte. Wer aber keine Zinsen bezahlen konnte, musste sein Geld den Erfolgreichen geben, denn wer hat, dem wird noch mehr gegeben. Wer aber kaum was hat, dem wird auch noch sein Letztes genommen.

Diese soziale Einstellung ist einfach umwerfend. Eine wirklich eigenartige Form der Umverteilung, wie sie unserer heutigen, doch vorwiegend (hoffentlich!) sozialen Ethik diametral entgegen läuft - jedenfalls als Bibelstelle doch wohl komplett ausgemerzt werden sollte.
Christliche Ethik im NT   ?!?!?

Im hübschen Gegensatz dazu das niedliche Kamel, das mich schon immer so begeistert hat, denn es hat Zauberkräfte und ist ein Verwandlungskünstler - wenn es denn mal drauf ankommen sollte. (>>>)
Es macht sich ganz klein und kann dann durch ein Nadelöhr marschieren...wäre ´ne Nummer für David Copperfield.... das kriegt der hin - totsicher ...

Markus 10, 23-25 *(Jesus sagt):*

Wer Geld hat, wird es sehr schwer haben, ins Reich Gottes zu kommen, weil er dem Geld vertraut. Ein Kamel geht leichter durch ein Nadelöhr, als ein Reicher in den Himmel kommt.

Also?
Die gesamte Chefetage der katholischen Kirche kommt auf keinen Fall in den Himmel. Besonders Bischöfe und Kardinäle wie etwa der Limburger Ex-Bischof Tebartz-van Elst haben sich nachhaltig disqualifiziert.
Es ist doch kaum anzunehmen, daß er als einsichtiger und reuevoller Katholik gedenkt, Buße zu tun, also von nun an in Sack und Asche, fastend und betend den Rest seines Lebens hinter Klostermauern verbringen wird. Er hat nur seinen Standort ins Ausland verlegen müssen, um dann unauffälliger sein luxuriöses Leben fortführen zu dürfen - schade um die wunderbare Doppel-Badewanne, die er in Limburg zurücklassen mußte. Aber es findet sich bestimmt eine angemessene klerikale Verwendung - ganz sicher!

Mit dem vielzitierten Kamel und dem Nadelöhr indessen ist ein richtig netter Scherz passiert. Dies wurde einfach nur falsch übersetzt. Das kann schon mal vorkommen, wenn man der aus reinen Konsonanten bestehenden hebräischen Schrift die falschen Vokale zuordnet. Nach Pinchas Lapide muß es heißen:
"Eher geht ein Tau durch ein Nadelöhr, als daß... "
macht ja auch in der Tat mehr Sinn, oder? Die in

MK11, 12-14

geschilderte Situation, daß Jesus, weil er Hunger hatte

und ein Feigenbaum keine Früchte trug, diesen Baum von nun an und für immer verfluchte:
wenn das nicht merkwürdig anmutet? Jesus benimmt sich als erwachsener Mann wie ein trotziger Bub:
Hey, ich hab Hunger, und der böse, böse Baum gibt mir nichts zu essen. Außerdem stellt sich die Frage, warum der Wunderheiler den Baum nicht sofort in einen früchtetragenden verwandeln konnte?
...und nun bitte sehr schnell die Feuerlöscher aktiviert!... und die Telefonnummer der Feuerwehr ins Handy einspeichern.......denn es kann jeden Augenblick losgehen.....

Lukas 12, 49 *(Jesus spricht):*

Ich bin gekommen, um die Erde in Feuer zu legen. Ich möchte nichts lieber, als dass es schon brennte!

Nun ... das hat die Führungselite der Christenheit ja sehr bald hervorragend umgesetzt in ihrer 2000 Jahre alten Kriminal-Geschichte: Kriege, Folter, Scheiterhaufen, Hexenverbrennungen, Genozide... Großartig!

Lukas 19, 27

Und nun zu meinen Feinden, die mich nicht als Herrn anerkannten: Holt sie her und erwürgt sie hier vor mir!

Wie war das gleich mit der "Feindesliebe" ? Käme es einem dann noch immer merkwürdig vor, wenn die Römer ein wachsames Auge auf Jesus hatten? Allzu ernst haben ihn die römischen Besatzer wohl zu dieser Zeit noch nicht genommen, falls überhaupt von ihm Kunde nach Jerusalem gedrungen sein sollte.

Vorerst konnte das ja noch als der Ausspruch eines eifernden Fanatikers gewertet werden. Denn es gab ja zu viele Messiasse, Propheten, Wunderheiler, Wanderprediger, die das Volk aufhetzen wollten, als daß man sich Sorgen um jeden Einzelnen machen wollte. Zudem war Jesus weit weg von Jerusalem im fernen Galiläa, wo Rom seinen Statthalter und damit alle Unruhen meistenteils im Griff hatte.

Heutzutage - alles zusammen genommen, was wir hier schon angeführt haben: wäre Jesus nicht ein Fall für die römische Justiz? Man muß doch einräumen, daß hier eindeutig terroristische Züge aufkeimen:

Johannes 2, 15

Und er machte eine Geißel aus Stricken und trieb sie alle zum Tempel hinaus....

Daß Jesus Händler aus dem Tempel vertrieb, ist eine ziemlich bekannte NT-Stelle und wird immer ehrfürchtig erwähnt. Nur die Umstände waren eben andere, als man heutzutage meint. Der Tempel stand in einem größeren, mit Mauern eingefriedeten Arial von ca. 300m x 500m - flächenmäßig immerhin ungefähr 3 x so groß wie der Petersdom und 1/3 so groß wie der Vatikanstaat.

In einem vorderen Teil des Komplexes, das in einiger Entfernung zum religiös genutzten, eigentlichen Tempel-Gebäude gelegen war, wurde üblicherweise so eine Art Basar verschiedener Händler betrieben. Zutritt hatten Juden wie auch Nichtjuden - also jedermann. Die Händler hatten die Erlaubnis, und es bestand nicht der geringste Grund, sie zu vertreiben. Geldwechsler waren nicht etwa Betrüger oder sonstiges zwielichtiges Gesin-

del. Man konnte im Tempelbezirk nur mit dem zugelassenen Tempelgeld bezahlen, mußte dieses also eintauschen. Es gab verschiedenste Bereiche nur für Juden: für Männer, für Frauen, für Waschungen, für den Kauf und die Bereitung der Opfergaben, für die Rabbiner - bis hin zum Allerheiligsten, zu dem nur der Hohepriester Zutritt hatte.
Was Jesus da geritten hat, seinen "heiligen Zorn" auszuleben, wäre nach heutiger Diktion durchaus als vorsetzliche, gesetzeswidrige Randale zu werten, die einen erheblichen Personen- und Sachschaden hinterlassen hat. Was hatten diese Menschen ihm getan?
Wenn das heutzutage mal jemand irgendwann und irgendwo probierte: er käme hinter Schwedische Gardinen - und zurecht.

**Tempelreinigung, Holzschnitt (1860)
von
Julius Schnorr von Carolsfeld**

von mir unverschämter Weise auf die rechte Bildhälfte reduziert:
Man sieht links oben noch gerade den drohenden Finger Jesu. Aber das Chaos, das er angerichtet hat, kommt deutlich zum Ausdruck.
Diese Leute hatten das wirklich nicht verdient!

Für die Rechtfertigung von Judenpogromen läßt sich hier etwas finden:

Johannes 8, 42- 45 und 47:

Da sagte Jesus zu ihnen (den Juden): Wäre Gott wirklich euer Vater, dann liebtet ihr mich. Denn ich komme direkt von Gott, er hat mich gesandt. Ihr versteht mich nicht, weil ihr mich gar nicht hören könnt. Denn euer Vater ist der Teufel, und ihr tut, was er will. Von Anfang an war der ein Mörder und Lügner. Ihr glaubt mir nicht, weil ich die Wahrheit sage. Wer von Gott ist, versteht Gottes Wort. Ihr verseht es nicht, darum seid ihr nicht von Gott.

Das NSDAP-Blatt DER STÜRMER nutzte das für sich:
"Der Teufel ist des Juden Vater!"
Wobei unlogischer Weise ausgeklammert wird, daß Jesus und seine Jünger ebenfalls Juden waren. Man wollte doch nicht wirklich behaupten, Jesus sei ein Sohn des Teufels? Man kann es nicht oft genug wiederholen:

Was ist das Gegenteil von logisch
Antwort: theologisch!

Könnte man doch in diesem Kontext zum Lehrsatz erklären?!
Paulus, der Ehefeind, sagt im

1. Korinther 7, 27-29 :
Bist du verheiratet, so bleibe es. Bist du aber ledig, so suche kein Weib. Wer heiratet, sündigt zwar nicht, außer die Frau, wenn sie nicht mehr Jungfrau ist. Doch Verheiratete werden leibliche Trübsal haben, vor denen ich euch gerne verschont hätte....
Wer verheiratet ist, sollte so tun, als sei er es nicht. (???)

...also er propagiert die sog. "Josef-Ehe": hier beginnen schon die ersten Anzeichen für die Einmischung der Kirche in die Ehe und deren rein private Angelegenheiten, sowie Regelung des Geschlechtsverkehrs.
1. Korinther 7, 32-40 :

Ich möchte, dass ihr ohne Sorgen bleibt. Wer ledig ist, kann sich besser um sein geistiges Wohl kümmern und sich darauf konzentrieren, Gott zu gefallen. Wer aber heiratet, gibt sich weltlichen Genüssen hin, er muss sich darauf konzentrieren, (nicht Gott) sondern dem Weibe zu gefallen. Das gleiche gilt auch für Frauen. Ich sage das euch zu eurem eigenen Nutzen, nicht um euch einen Strick um den Hals zu werfen. Ich will, dass es gesittet zugeht und ihr stets ungehindert dem Herrn dienen könnt. Wenn Verheiratete die Ehe vollziehen wollen, sündigen sie zwar nicht, doch wenn jemand frei und ungezwungen sein will, täte er es besser nicht. Wer verheiratet ist, der tut wohl; wer aber nicht verheiratet ist, der tut besser. Eine Frau ist durch das Gesetz an ihren Mann gebunden, doch wenn er stirbt, darf sie wieder heiraten, wen sie will, aber es muss vor Gott geschehen. Seliger ist sie aber meiner Meinung nach, wenn sie ledig bleibt. Ich stehe zu dieser Ansicht, denn dies wurde mir von Gott eingegeben. (von Gott persönlich, hört, hört !!!)

Wir verstehen hier den zölibatären Anspruch. Die menschliche Natur ist aber im Allgemeinen anders und sucht sich dann ihren Ausweg - z.B. in sexuellen Entgleisungen wie Kindesmißbrauch. Die jüngst bekannt gewordenen abscheulichen Geschichten einiger, nicht eben weniger katholischer Priester sprechen eine deutliche Sprache und lassen keinen Zweifel aufkommen, wo die Ursache für derlei Abartigkeiten zu su-

chen ist. Jesus hat zu keiner Zeit Ehelosigkeit propagiert. Ihm waren zum Leidwesen einiger Jünger einige Frauen sogar näher als sie. Daß die Frau minderwertig sei und somit eine niedrigere Stellung einnehme als der Mann, hat Jesus nie gesagt.
Aber Paulus hat gründlich dafür gesorgt, daß bis heute die Frau in der Kirche nichts zu sagen hat, nichts gilt, ja nur ein "Abklatsch" des Mannes ist - ja ein "mißlungener Mann" eigentlich.
Wie konnte Gott nur auf die Idee kommen, einen so unvollkommenen weiblichen Menschen zu schaffen?

1. Korinther 11, 3-9:

Gott steht über Jesus, Jesus steht über dem Mann, und der Mann steht über der Frau. Ein Mann muss beim Beten den Kopf nicht bedecken, die Frau hingegen schon. Will sie sich nicht bedecken, so schneide man ihr das Haar ab, dann wird sie sich von sich aus bedecken, weil es sonst schlecht aussieht. Der Mann ist nämlich das Ebenbild der Herrlichkeit Gottes, die Frau ist aber nur ein Abklatsch des Mannes. Der Mann ist nicht geschaffen um des Weibes willen, sondern das Weib um des Mannes willen.

Gott steht über Jesus? ...also ist Jesus nicht Gott?.. und die Dreieinigkeit ? Die Trinität wird doch als eine Einheit von Vater-Sohn-Hl.Geist definiert? Ja, aber erst viel später!!! Paulus hat das n i c h t gelehrt. Daran ist ihm ausnahmsweise mal nicht die Schuld zu geben.
Das ist alles erst später erfunden und in den Konzilien als Dogmata festgelegt worden.
Ich habe mich als Kind gefragt, wie das zu definieren sei: die Heilige Dreifaltigkeit? Ist das eine Gottheit, die man

bei Bedarf und für den Transport praktischer Weise dreimal zusammenfalten kann? Meine Eltern haben ausgelassen gelacht... aber mir gleichzeitig geraten, mit derartigen Äußerungen besser hinterm Berg zu halten.
Nochmal zurück zu Paulus:
Die Frau ein Abklatsch des Mannes? Der Mann aber das Ebenbild der Herrlichkeit Gottes?
Welche Frau jauchzt da nicht vor Freude angesichts dieser Äußerung des unheiligen Paulus ?
... und warum gehört eine Frau einer Kirche an, in der sie nicht geachtet, sondern gedemütigt und verachtet wird? Daß das früher mangels eigenständiger Rechte der Frauen nicht anders ging, ist ja nachzuvollziehen, aber heute noch? Weil man der Gemeinde angehören "muß", um seine Kinder taufen zu lassen (die nicht dazu befragt wurden), sie konfirmieren zu lassen oder zur Erstkommunion zu schicken, kirchlich getraut zu werden und schließlich ein christliches Begräbnis zu erhalten?
Wer braucht das heutzutage denn wirklich noch?
Kann man das, muß man das verstehen?

1. Korinther 14, 34-35:

Wie in allen Gemeinden der Heiligen lasset eure Weiber in der Gemeindeversammlung schweigen. Sie sollen untertänig sein, wie es auch das Gesetz vorschreibt. Wollen sie etwas lernen, so lasset sie daheim ihre Männer fragen. Es steht den Weibern schlecht an, vor der Gemeinde zu reden.
... und die Klappe halten müssen sie auch noch, dürfen ihre berechtigten Wünsche nicht vortragen - geschweige denn eigene Ideen entwickeln... (*)

(*) Seit Juli 2014 können auch in der sehr an die kath.Kirche angelehnten Anglikanischen Kirche Frauen Bischöfinnen werden... das läßt hoffen...

Galater 1, 8-11,

Wer ein anderes Evangelium verkündet oder das Evangelium anders predigt als wir, sei verflucht. Ich predige nicht für die Menschen, sondern für Gott. Die Menschen sind mir egal. Das Evangelium, das ich verkünde, ist nicht menschlich.

Hat er da aus Versehen etwas sehr Wahres gesagt: "nicht menschlich" ? Paulus predigt für Gott?... weiß der nicht schon alles? Die Menschen sind ihm e g a l ..
....aha?..lauter Freud´sche Versprecher?...oder was?

2. Thessalonicher 1, 6-9:

Gott zeigt sich als gerechter Gott: Euer Leiden wird ein Ende haben und er wird eure Unterdrücker bestrafen. Wir werden noch erleben können, wie sich der Herr Jesus am Himmel mit aller Macht in loderndem Feuer zeigen wird. Dann wird er es den Ungläubigen heimzahlen, die das Evangelium unseres Herrn Jesus nicht angenommen haben. Sie werden mit ewiger Qual bestraft. Sie werden gottlos leben müssen, ausgeschlossen von der Macht und Herrlichkeit Gottes.

Immer wieder ist von Strafen und Leiden die Rede. Freuen darf man sich wohl erst im Jenseits, das man sich tapfer erarbeiten muß. Eine fröhliche Religion ist das Christentum jedenfalls nicht. Die Gesichter der Heiligen auf den Bildern der christlichen Künstler sehen niedergeschlagen und in leidender Demut befangen aus: wie getretene, zahnlose Hunde, die nicht zubeißen können, um sich zu wehren.
Sie sollten von Buddha das Lächeln lernen.

1. Timotheus 1, 1-11

Nach dem herrlichen Evangelium des seligen Gottes, welches mir anvertraut ist, braucht ein Rechtgläubiger das Gesetz (das Alte Testament) nicht, das ist nur etwas für die Ungerechten, die Ungehorsamen, die Ungläubigen und Sünder, die Unheiligen und Ungeistlichen, die Vater- und Muttermörder, die Totschläger, die Hurern, die Knabenschänder, die Menschendiebe, die Lügner und die Meineidigen.

So, so... ihm ist das herrliche Evangelium samt allen Fälschungen und seinen nicht wirklich bekannten Autoren "anvertraut".... Soviel verlogene Eitelkeit und Selbstgerechtigkeit ist ja kaum auszuhalten. ... und wer hat es ihm anvertraut? Jesus sicher nicht.
Paulus diffamiert die Thora-treuen Juden und nennt das AT ein Buch der Verbrecher, die er zudem alle einzeln aufzählt !!!!
Hat nicht Jesus die Thora als wichtigste Grundlage der Lehre betont, an der kein Jota geändert werden darf... und Paulus schmäht und verunglimpft die Thora?

Damit gehört er bereits zu den von Jesus Verdammten... und dieser Mann ist der Begründer des Christentums?
Relativiert wird das anderswo geforderte Zölibat von Paulus im Folgenden:

1. Timotheus 3, 2-5

Ein Bischof soll nicht vorbestraft und verheiratet sein. Er sei ehrbar, gastfreundlich, ein guter Lehrer, kein Weinsäufer, kein Raufbold und nicht geldgierig. Er soll ein guter Vater sein und gehorsame Kinder haben. Wie soll einer für eine Gemeinde sorgen, wenn er nicht einmal seinem eigenen Haus vorstehen kann?

Wie soll ein Pfarrer seinen Gemeindemitgliedern in den oftmals auftretenden Familienkonflikten raten, wenn er keine Ahnung von Ehe und Familie hat? Protestantische Pfarrer sind meist verheiratet. Die orthodoxen Priester der östlichen Kirchen dürfen ebenfalls verheiratet sein. Aber die Hochzeit muß vor der Priesterweihe stattgefunden haben. Jedoch ausschließlich Mönche können zu Bischöfen geweiht werden.

Hebräer 10, 28-31:

Wenn jemand die Vorschriften Gottes bricht, muß er erbarmungslos sterben, es brauchen ihn bloß zwei oder drei Zeugen anzuzeigen. Es ist schrecklich, dem wachsamen Gott in die Hände zu fallen und als Vergeltung seiner Rache ausgeliefert zu sein. Gott wird sein Volk hinrichten.

Denunziation, Rache, aus dem Hut gezauberte Indizien ohne Beweise, bestochene Zeugen ...und unendliche Unbarmherzigkeit.
Diese christliche Religion ist furchtbar... alle Religionen sind furchtbar - mit Risiken und Nebenwirkungen behaftet, so daß man sie schon deshalb aus dem öffentlichen Leben strikt entfernen sollte.
Masochismus und Sadismus gehören zur christlichen Kirche wie das Amen am Ende des Gebets.

1. Petrus 4, 16:

Wenn jemand wegen seines Glaubens leiden muss und verfolgt wird, soll er Gott dafür danken.

1. Petrus 4, 17-18-19

Gott wird alle vor Gericht bringen. Selbst der Gläubige hat dort kaum eine Chance. Wie soll es dann dort erst den Ungläubigen ergehen.
Gott will, dass du leidest. Gerade deshalb sollst du dich ihm unterwerfen, denn er ist der treue Schöpfer in guten Werken.

Der gütige, treue Schöpfer will, daß der Mensch leidet?. Welcher liebende Vater will sein Kind leiden sehen?
Hat da nicht Gottfried Ephraim Lessing etwas Besseres zu raten, wenn er in seiner "Minna von Barnhelm" sagen läßt: "Was kann der Schöpfer lieber sehen als ein fröhliches Geschöpf?"
Schaffen wir diesen Christengott und den Gott der Juden und auch den des Islam doch einfach ersatzlos ab, wie schon alle anderen Götter zuvor auch.
Friede ihrer Asche... und den Menschen ein Wohlgefallen.
Was würde denn passieren, wenn es keinen Papst mehr gäbe, keine Priester, keine Imame und keine Rabbiner?... Wenn man Moscheen, Synagogen und Kirchen in Museen verwandelte, sofern sie ansehenswert sind?...oder in Krankenhäuser für Arme...oder... Schulen ...oder...Wohnungen für Obdachlose?

Wenn man die angehäuften Gelder auf den prall gefüllten Konten in eine riesige Stiftung für die Hungernden dieser Erde einbrächte, verwaltet von einem korruptionsfreien Gremium?

"Kommt alle, die ihr mühselig und beladen seid, die ihr hungert, die ihr durstet, die ihr krank seid!"

Ein allzu frommer Wunschtraum...ja... aber...man wird doch noch träumen dürfen!

1. Petrus 5, 5:
Die Jungen müssen sich den Behörden und Priestern unterordnen, willfährig und gefügig sein, denn Gott liebt nur die Unterwürfigen.

Na, dann ist ja Kindesmißbrauch wohl nicht weiter schlimm, sondern durchaus mit dem Apostelbrief vereinbar???... so könnte man es doch hinbiegen?
...mal ganz davon abgesehen, daß alle Petrusbriefe inzwischen als gefälscht gelten, wie einige der Paulus-Briefe auch...
...und auch mit Sicherheit dieser Judasbrief

Judasbrief, 4-15

Es haben sich bei uns einige Abweichler (er meint die Heidenchristen um Paulus) eingeschlichen, für die aber das Todesurteil von vornherein feststeht. Es sind Gottlose, die die Gnade unseres Gottes mutwillig beanspruchen, ihn aber verleugnen, unsern Herrn Jesus Christus, den einzigen Herrscher. Ich will euch aber daran erinnern, dass Gott den Rechtgläubigen aus Ägypten half, die Ungläubigen aber umbrachte.... Es wurde zudem geweissagt: "Siehe, der Herr kommt mit vielen tausend Heiligen, um Gericht zu halten über alle. Die Andersgläubigen wird er wegen ihres gottlosen Lebenswandels strafen, vor allem aber, weil sie sich mit ihren Gotteslästerungen versündigt haben."

Wir sind doch solche Winzlinge: wie können wir einen so großen, erhabenen Gott beleidigen?

Seid ihr beleidigt, wenn euch ein Spatz auf den Schuh sch...? Wohl kaum. Ihr nehmt ein Tuch, wischt den Klacks weg ... und in 2 Minuten ist´s vergessen, oder ?

Die "Offenbarung" ist auch wieder so ein Drehbuch für einen Horrorfilm - aus kranker Phantasie geboren:

Offenbarung 3,19:

Ich strafe und züchtige diejenigen, die ich lieb habe. So sei nun fleißig und tue Buße.

Solche und ähnliche Androhungen kommen am laufenden Band vor. Dieser Zweizeiler ist der kürzeste Drohspruch von allen: ihn kann ja jederzeit der streng katholische Erzieher oder Familienvater zitieren, wenn er den Rohrstock "sprechen" lassen will.

Offenbarung 14, 9-11 *(Aufruf zur Ketzerverbrennung):*

Ein weiterer Engel Gottes schrie: "Gottes furchtbarer Zorn wird jeden Ungläubigen treffen. Vor den Augen des Lammes (Jesus) und der heiligen Heerscharen wird er mit Feuer und brennendem Schwefel gefoltert werden. Der Rauch ihrer Qual wird aufsteigen von Ewigkeit zu Ewigkeit. Wer einen anderen Gott anbetet, wird niemals wieder Ruhe finden... - Und sie jubelten: Halleluja! Ewig soll der Rauch aufsteigen. (Offenbarung.19,3.)

Halleluja...halleluja...halleluja... ist das nicht großartig?
Singet ein Loblied auf Folter und Qual! Halleluja!
Wir entscheiden uns mit Michael Schmidt-Salomon für
     "Heidenspaß - statt Höllenangst" - einverstanden?
Wer einen anderen Gott anbetet? ... also gibt es noch jede Menge Konkurrenz, bei der man die Auswahl hätte,

haben könnte, wenn man denn dürfte?... Warum besiegt Jahwe nicht diese anderen Götter, wenn er so mächtig ist, damit es nur noch ihn gibt, den man anbeten kann? So großartig und mächtig ist er denn wohl doch wieder nicht, oder?

Da war Zeus doch ganz anders. Der Göttervater des Olymp gönnte sich manch irdische Freuden, ließ aber auch allen anderen Göttinnen und Göttern ihren Spaß und mischte sich selten ein - es sei denn seine persönlichen Pläne wurden tangiert. Aber die respektierte man ja meist: eine wunderbare Götterwelt, in der man die Auswahl hatte - je nachdem, wie und wo man gerade göttlichen Beistand brauchte in seinem menschlichen Dasein auf Erden ...und keiner der Göttinnen und Götter mißgönnte den Menschen ihre Fröhlichkeit.

Offenbarung 14, 19-20:

Der Todesengel ließ seiner Sichel freien Lauf. Die Körper wurden unter einer großen Presse ausgepresst, und ein hoher Blutstrom floss hunderte Kilometer weit

In grauer Vorzeit und im Altertum konnten sich in manchen Völkern und Volksstämmen die Herrschenden wohl sicherlich nur mit harter Legislative und Exekutive an der Macht halten, wenn ihre Untertanen widersetzlich und schwer zu bändigen schienen. Demgemäß mußte dann wohl auch die Sprache Jahwes einen rauen, tyrannischen Ton anschlagen?
Aber mit soviel Brutalität?
Ja, aber natürlich!
Wenn die Führungselite in der Synagoge oder in der christlichen (katholischen) Kirche oder in der Moschee

der Muslime "Gottes Befehle" wirksam durchsetzen wollte und will, dann mußte und muß sie für die Interpretationen dieses "Gottes-Willen" alle Register von Angst und Schrecken möglich machen.
Angstfreie Menschen kann man nicht beherrschen...das war doch schon immer so.
Den krankhaftesten Phantasien waren keine Grenzen gesetzt und wurden auf den rach- und eifersüchtigen Gott Jahwe projiziert. Man hatte ja nur diesen einen Gott, sollte und durfte nur diesen Einen haben. Wie viel sympathischer war - zumindest doch in dieser Hinsicht - der Polytheismus der alten Griechen und Römer: man konnte sich seine Götterlieblinge selbst aussuchen, denen man opfern und dienen wollte, wußte sie häufig auch zu besänftigen, wenn sie denn mal wütend wurden.

Diesen Mangel hat man erkannt im Christentum. Also braucht man Maria als Mutterfigur und eine Unzahl von Heiligen, denen man die Ohren volljammern kann.

Das NT hat in weiten Teilen keine wirkliche Erneuerung des AT zustande gebracht. AT und NT sind wirklich ethisch höchst bedenkliche Bücher - sanft und vorsichtig ausgedrückt.
Die Geschichte des Christentums zeigt sehr deutlich, daß diese böse Bibel mehr Schaden als Nutzen gebracht hat...sehr, sehr viel mehr Schaden !
Alle unmenschlichen Taten der Führungsriege im Vatikan kann man mit Bibeltexten begründen: die Bibel rechtfertigt Folter, Totschlag und Völkermord im Namen Gottes an allen, die nicht an ihn glauben oder auch nur einen nicht kirchenkonformen Gedanken äußern.

Das sehr bemerkenswerte, 10-bändige Werk von Karlheinz Deschner
DIE KRIMINALGESCHICHTE DES CHRISTENTUMS
gibt - detailliert und mit historischen Beweisen belegt -

die ganze Schändlichkeit der katholischen Kirche wider. Weitere Werke wie
      ABERMALS KRÄHTE DER HAHN
      und das Bändchen
      MEMENTO!
seien neben seinen anderen Werken als sehr lesenswert empfohlen.letzteres faßt noch einmal kompendienartig zusammen, woran sich Papst Wojtyla im Pilgerjahr 2000 bei seinem nur sehr schwach angedeuteten "Geständnisversuch von Fehlern in der Vergangenheit" rückbesinnend erinnern sollte.
Noch zu erwähnen ist auch das wichtige Werk Deschners:
      DER GEFÄLSCHTE GLAUBE,
worin der Autor nachweist, welche Texte inzwischen als Fälschungen enttarnt worden sind. Viel bleibt tatsächlich nicht übrig, was unbestritten als echt gelten kann.
Aus diesem Werk möchte ich zitieren:

Alber Dulk (1819 - 1884) - Freidenker, Naturwissenschaftler und Philosoph - charakterisiert das Erbe des AT mit folgenden Worten, wie man es treffender nicht formulieren kann:
"... dieses Buch ist nicht nur von Rachegeist erfüllt, von Aberglauben beseelt, es ist auch von Unrecht und Unzucht geschwängert! Die ganze israelitische Geschichte ist voll furchtbarer Rohheiten, voll mannigfacher Schandtaten oder, um einen Ausdruck zu gebrauchen, der ja das gangbarste Material im Alten Testament nicht nur für religiöse, sondern auch für sittliche Schilderung bietet, voll Hurerei.... Fort aus den Schulen mit einem Buche, das die Herzen und die Phantasie unserer Jugend mit solchen Mord- und Schandbildern auszustatten vermag!"

M. Searle Bates
(1897-1978 - Prof. für Geschichte in England und USA):
"Die beiden Testamente zusammengenommen gaben dem Rechthaber, dem Frömmler, dem Parteigänger, dem Wortklauber, dem Bürokraten, dem Zuchtmeister und dem Sadisten die Möglichkeit, ihren Willen mit dem Schein einer Rechtfertigung zu versehen, und dies ist so bis auf den heutigen Tag geblieben".

William E.H. Lecky
(1838-1903 irischer Historiker):
"In jedem Gefängnis standen Kruzifix und Folter Seite an Seite, und in fast allen Ländern war die Abschaffung der Folter schließlich auf Bewegungen zurückzuführen, die auf den Widerstand der Kirche stießen, und auf Männer, die die Kirche verfluchte...Fast ganz Europa war viele Jahrhunderte hindurch mit dem Blut getränkt, das auf direkten Antrieb oder jedenfalls mit voller Zustimmung der geistlichen Behörden vergossen war...Ziehen wir all dies in Betracht, so ist es sicherlich keine Übertreibung, zu sagen, daß die Kirche den Menschen ein größeres Maß unverdienten Leids zugefügt hat als irgend eine andere Religion, zu der Menschen sich jemals bekannten "

Lord Aton - kath. Historiker (1834-1902)
"Die Päpste waren nicht nur Mörder in großem Stil, sondern machten den Mord auch zu einem Rechts-Grundsatz der christlichen Kirche und zu einer Bedingung der Erlösung"

Zum Schluß müssen wir uns noch die unheimlich "großartigen" Worte (der Ton liegt auf "unheimlich"!!!) des allzu hochverehrten "Heiligen" Thomas von Aquin zu Gemüte führen, der bis heute als das hellste Licht dieser katholischen, "allein seligmachenden" Kirche gilt

Thomas von Aquin:
"Was die Ketzer anlangt, so haben sie sich einer Sünde schuldig gemacht, die es rechtfertigt, daß sie nicht nur von der Kirche vermittels Kirchenbannes ausgeschieden, sondern auch durch die Todesstrafe aus dieser Welt entfernt werden. Ist es doch ein viel schwereres Verbrechen, den Glauben zu verfälschen, der das Leben der Seele ist, als Geld zu fälschen, das dem weltlichen Leben dient. Wenn also Falschmünzer oder andere Übeltäter rechtmäßiger Weise von weltlichen Fürsten sogleich vom Leben zum Tode befördert werden, mit wie viel größerem Recht können Ketzer unmittelbar nach ihrer Überführung wegen Ketzerei nicht nur aus der Kirchengemeinschaft ausgestoßen, sondern auch billiger Weise hingerichtet werden"

Dies lehrte T.v.A. in einem Werk, das als vom Heiligen Geist inspiriert galt und beim Konzil von Trient neben der Bibel auf dem Altar lag: so lehrte er als Katholik, der als doctor angelicus 1323 heilig gesprochen wurde, im 16. Jh. von Pius V. zum Kirchenlehrer und Ende des 19.Jh. von Leo XIII. zum Führer der kirchlichen Wissenschaften und Patron der katholischen Hochschulen erhoben worden ist. (Zitat -Ende)

Karlheinz Deschner beschreibt in
ABERMALS KRÄHTE DER HAHN:
*Die Hinrichtung der "Ketzer", die meist an einem Festtag stattfand, gestaltete die Catholica zu einer Schaustellung ihrer unbeschränkten Gewalt. Sonder-Reiter luden das Volk ein, man nahm hohe Preise für Fen

sterplätze und gab jedem Gläubigen, der Holz für den Scheiterhaufen herbeischleppte, einen vollkommenen Ablaß. (n.b. !!) Auf dem Weg zur Richtstätte wurde das Opfer oft unter einen Narrenhut gesteckt, mit glühenden Zangen gezwickt und ihm manchmal noch die rechte Hand abgeschlagen. Nur in Ausnahmefällen hat man einen Verurteilten vor der Exekution gnadenweise erwürgt. Während der Häretiker .... verbrannte, sangen die versammelten Katholiken das Lied "Großer Gott, wir loben dich". Die Verbrennung sollte eine Auferstehung am Jüngsten Tag verhindern."

Die Scheiterhaufen brennen zwar nicht mehr, die kirchliche Oberhoheit mußte der weltlichen meistenteils weichen, aber sie versteht es dennoch ihren Einfluß immer wieder als "moralische Instanz" geltend zu machen und ganz subtil auch Politiker zu beeinflussen.
Ungeachtet all dessen:
Der Vatikan exkommuniziert munter weiter, betreibt mittelalterlichen Exorzismus, entfernt nicht genehme Theologie-Professoren als Ketzer aus dem Lehramt, kassiert ungerechtfertigte Kirchensteuer, predigt Wasser und trinkt selbst Wein, mischt sich in Ehe und Familie ein, besteht auf autoritären Regeln für - oder besser gegen - den Geschlechtsverkehr und die dabei zu praktizierenden Stellungen, verbietet Verhütung, so daß nicht nur die individuelle Familienplanung behindert wird, sondern sich Geschlechtskrankheiten wie HIV ungehindert ausbreiten können.... und das ist noch lange nicht alles!
...und daß die katholische Kirche in allen bedeutsamen Kriegen immer fleißig im Hintergrund mitgemischt hat, um vordergründig dann für den Frieden zu beten, kann heutzutage nicht mehr "under cover" gehalten werden.

Selbstverständlich war die katholische Kirche gegen Hitler und Mussolini - ja, aber erst, als dann alles vorbei war. Dann konnte man scheinheilig alles "ins rechte Licht" setzen. Der Vatikan war der erste Staat, der Hitler anerkannte und für ihn sogar "katholische" Wahlpropaganda machte. Andere Staaten, die zunächst zögerten, folgten dann doch diesem Beispiel, denn wenn der Papst sogar für Hitler war...na, dann...
ein folgenschwerer Irrtum, sich dieser Kirchen-Entscheidung anzuschließen.
Karlheinz Deschners Titelbild seines Werkes sagt mehr als 1000 Worte

"MIT GOTT UND DEN FASCHISTEN"

Als **Reichskonkordat** wird der am 20.Juli 1933 zwischen dem "Heiligen Stuhl" und dem Deutschen Reich geschlossene Staatskirchenvertrag bezeichnet. In ihm wurde das Verhältnis zwischen dem Deutschen Reich und der römisch-katholischen Kirche geregelt. Es wird auch heute noch für die Bundesrepublik Deutschland als gültig betrachtet.(!!!)
(n.b.!) (Wikipedia)

Wäre es nicht am Besten, ausnahmslos alle Religionen zur Privatsache zu erklären und alle Kult- und Ritualgegenstände aus den öffentlichen, nicht-konfessionellen Behörden und Schulen zu entfernen?
Immerhin haben wir ja Religionsfreiheit in Deutschland. Wir sollten uns nun auch von der aufdringlichen Zurschaustellung der religiösen Symbole in öffentlichen Bereichen befreien dürfen.

* * * * * * *

Glauben oder nicht glauben - Theismus - Gnostizismus - Atheismus - Agnostizismus - Polytheismus... was auch immer - aber um Gottes Willen
(smile - ich habe mich gerade selbst ertappt) keinen anthropomorphen Monotheismus mehr unter der Knute irgendwelcher autoritär-fanatischer, dogmatisch-anmassender "Aufsichtsratsvorsitzenden" in der "Chef-Etage" des Vatikans, der Synagogen, der Moscheen.
Wie viele Kriege gibt es aus "religiösen" Meinungsverschiedenheiten, die heute noch und immer wieder aufs Neue aus einer steinzeitlich - intoleranten Mentalität erwachsen und intelligenten Menschen dieses doch sonst so "fortschrittlichen" 21.Jh. schlichtweg unwürdig sind !
Wie viel Leid und Elend blieben der Menschheit erspart !
 Alle sollen nach ihrer eigenen Façon selig werden, sagte der Preußenkönig, der Alte Fritz.... und dafür lieben wir ihn noch heute.
Deshalb möchte ich die "Heiligen Schriften" mit ihren unheiligen Inhalten nun einmal ganz beiseite lassen...

und - ungeachtet alldessen, ob wir an einen Gottes-Sohn, an einen Messias, eine Trinität, eine Jungfrauen-Geburt, einen Heiligen Geist, eine Auferstehung und dgl. noch treu und unerschütterlich glauben oder einen anthropomorphen Vater-Gott, Jahwe oder Allah komplett verwerfen wollen: vergegenwärtigen wir uns doch einmal
den geschichtlichen Rahmen
dieser damaligen Zeit.

Ich bin auf der Suche nach dem historischen Umfeld auf mehr Wissenswertes und Aufschlußreiches gestoßen, als ich zuvor angenommen hatte.

Diese Zeit war ja noch nicht in einer Geschichts-Schreibung und Berichterstattung angekommen, wie wir sie heutzutage kennen. Paulus und seine diversen (wahrscheinlich gefälschten) Briefe sind als Quelle ungeeignet, hat er sich doch merkwürdiger Weise überhaupt nicht für das Leben Jesu interessiert. Dies stellen (fast) alle Kirchen- und Religionshistoriker unisono fest.

Die katholische Kirche ist wohl mit Paulus der Meinung, daß dies die kleinen dummen Schäflein auch nicht zu interessieren hat. Die Geburt des Gottessohnes aus einer Jungfrau im ärmlichen Ambiente eines Stalles, die erfundenen Evangelien mit den angeblichen Predigten und Wunderheilungen Jesu, die Kreuzigung und die Auferstehung ... das muß reichen. Das AT und das NT konnte ja das gemeine Fußvolk sowieso nicht lesen.... und das blieb ja auch vorerst so, bis Martin Luther anno 1522 das NT und 1534 die komplette Bibel auf Deutsch herausbrachte.

Unwissenheit und Analphabetentum waren der Kirche ja so recht ...allzu recht... weil sonst Fragen kommen... die Schäflein sollen aber nicht fragen, sie sollen glauben... und basta!

Doch der Mensch ist ein Individuum, das ständig fragt und (hoffentlich auch intelligent) hinterfragt.
Und genau diese Neugierde war es, die den Menschen aus dem stinklangweiligen, pseudoseligen Zustand der Stagnation in einem blumig umschriebenen "Paradies" in ein spannendes Leben der Kreativität auf diese wundervolle Erde geschickt hat - und nicht nur, um unsere eigenen Obstbäume zu pflanzen.
Was für ein großartiges Schicksal ! Und dieser glückliche Wechsel in dieses Erdenleben wird uns als Sünde - und wenn es nach Augustinus geht - sogar als Erbsünde verkauft!   Spaß beiseite ... und mal ganz ehrlich:
welcher Mensch möchte heute denn wirklich noch unterm Apfelbaum im Paradies sitzen und lieber nicht gekostet haben, wie diese verbotene Frucht schmeckt? Nie erfahren haben, was ein Auto, ein TV, ein Telefon, ein Internet ist? Wie man mit dem Flugzeug durch die Luft reisen kann, oder mit dem Schiff über die Welt-Meere?...oder mit der Bahn durch herrliche Landschaften? ... oder sogar als Astronaut in das Weltall?
Also ein Hoch auf diese wunderbare, weise Schlange und auf Eva, die auf sie hörte ! Adam hätte sich ja als erster nicht getraut - dieser Feigling!
Die Kirche würde mich auch auf dem Scheiterhaufen verbrennen, wären diese Feuer nicht inzwischen endgültig erloschen... und für einen gepflegten Exorzismus stehe ich ja leider auch nicht zur Verfügung - ich, ein hoffnungsloser Fall also ...so ganz ohne Konfession im herkömmlichen Sinne: eine gottlose Ketzerin.
Immerhin gelingt es dem Vatikan, die von Paulus vor fast 2000 Jahren erfundene christliche Religion weiterhin aufrecht zu erhalten und die Massen mit der kirchentypischen Folklore wie auch den strengen Regeln ihrer

antiquierten "Ethik" für alle Gebiete des Lebens zu vereinnahmen.
Gehen wir zurück in jene Zeit und schauen wir mal, was sich finden läßt :

Historische Quellen.
Als eine der zuverlässigsten Quellen überhaupt wird ein allseits sehr hoch geschätzter Historiker anerkannt:
Flavius Josephus
(* 37 oder 38 in Jerusalem, † nach 100 vermutlich in Rom) war ein römisch-jüdischer Historiker des 1. Jahrhunderts, der seine Werke auf Griechisch verfaßte (zunächst teilweise auch in seiner aramäischen Muttersprache.)
Ihm haben wir eine Geschichtsschreibung aus Palästinas erstem Jahrhundert zu verdanken, die man tatsächlich so nennen kann. Wie weit die Evangelien mehr Dichtung als Wahrheit enthalten, erschließt sich uns häufig aus seinen Aufzeichnungen - aber auch aus der Nichterwähnung für ihn unwichtiger Personen und Fakten....und dazu gehört auch... sorry ...Jesus von Nazareth, der nur für eine relativ kurze Zeit für Unruhe sorgte.Er wurde später nur einmal als Bruder des Jakobus erwähnt ... da gab es ja ganz anderes zu berichten mitten in einer so stürmischen Epoche.

Die Erzählungen der Evangelisten
beschreiben, daß es auf Befehl des Kaisers Augustus in der römischen Provinz, dem besetzten Land der Juden, eine Volkszählung unter dem Statthalter von Syrien - namens Quirinius - gegeben habe. Diesem unterstand auch Judäa als syrische Provinz, aber - nota bene - nicht Galiläa. Diese Zählung fand zudem nicht mit Hilfe einer konterproduktiven Art von "Völkerwanderung" statt. Was, außer einem totalen Chaos, hätte denn erreicht werden

können, zumal man ja von römischer Seite den Besitz unbedingt vor Ort prüfen mußte, um eine Steuererhebung festzulegen. Es wäre auch viel zu gefährlich gewesen, den ohnehin romfeindlichen Juden durch derartige Massenansammlungen den Boden für eine unkalkulierbare Revolte zu bereiten. Quirinius wurde außerdem erst so etwa um das Jahr 6 n.Chr. eingesetzt.

Warum dann diese Geschichte?
Jesu Geburtsort mußte unbedingt Bethlehem, die Stadt Davids, sein, damit "die Schrift erfüllt würde".
Wir erfahren auch von der Flucht der "Heiligen Familie" nach Ägypten wegen der massenhaften Ermordung von Säuglingen - angeblich angeordnet von König Herodes. Ebenfalls durch nichts zu belegen, zumal Herodes d.Gr. bereits im Jahr 4 v. Chr. starb. Er war ein sogenannter "Klientel-König" von Roms Gnaden und hätte sich dergleichen Massaker keinesfalls erlauben können. Aber die "Heilige Familie" mußte aus Ägypten zurückkehren - wie es in der Verheißung so vorgegeben war.
Maria, Joseph und Jesus samt seinen Geschwistern lebten in Nazareth, wo sie Bauern und Handwerker waren. Nazareth war ein Weiler mit gerade mal 80-100 Familien, so daß der Familienvater Jesu als Zimmermann mit Sicherheit woanders Arbeit suchen mußte, um den Lebensunterhalt für seine Familie zu verdienen: vermutlich in der Hauptstadt Galiläas, der damals reichen und eleganten Stadt Sepphoris, wo es wohlhabende Auftraggeber für alle Arten von Handwerk gab.

Nach dem Tod von Herodes d.Gr. sammelte dort als selbsternannter Messias Hiskias eine Schar von Aufständigen um sich, die gegen Rom und die knechtende Steuererhebung zu Felde ziehen wollten. Der Hauptgrund des Zorn der Juden gegen die Römer war vor

allem aber religiöser Natur: Schließlich glaubten sie felsenfest daran, daß es ihr Land war, das ihr Gott Jahwe ihnen als seinem auserwählten Volk versprochen hatte. Einen Gottkaiser in Rom konnten sie neben Jahwe nicht akzeptieren: das war gegen Jahwes Gebot
"Du sollst keine fremden Götter neben mir haben".
Hiskias wurde wie alle Rebellen gefangen genommen und hingerichtet.
Im Jahr 26 n.Chr. sandte der römische Kaiser Tiberius Pontius Pilatus in die Landeshauptstadt der römischen Provinz Palästina. In Jerusalem waren schon einige seiner Vorgänger abberufen worden, weil sie nicht effektiv genug arbeiteten. Rom wollte Ruhe - wenn es sein mußte mittels drastischer Maßnahmen erzwungen - und Steuerzahlungen von den Juden. Auch die Inhaber des Hohepriester-Amtes wechselten entsprechend - je nach Wunsch und Gnade des jeweiligen römischen Statthalters. So war der Hohepriester Kaiphas keinesfalls von seinen Landsleuten gewählt, sondern bekleidete dieses lukrative Amt von Roms Gnaden.

Pilatus und Kaiphas arbeiteten "erfolgreich" 10 Jahre zusammen: sie ließen nicht die kleinste politische Unruhe zu, sondern griffen mit äußerster Härte durch. Das Hohepriesteramt konnte sich nur ein wohlhabender Mann aus der jüdischen Aristokratie bei den Römern kaufen und auch trickreich an Söhne oder sonstige Verwandte weitergeben. Von der Thora oder deren Exegese hatten diese ungelernten Oberhäupter des Jerusalemer Tempels oftmals keine Ahnung, präsentierten sich als Autoritäten einfach nur mit prunkvollen Gewändern und einem entsprechend aufwendigen Lebensstil. Sie waren Rom gegenüber natürlich stets loyal.
Wie sich doch die Bilder gleichen....

Die verschiedenen Messiasse zettelten ungeachtet dessen immer wieder neue Aufstände an. Nach Hiskias zunächst Simon von Peräa, dann Athronges, die alle nacheinander das übliche "Rebellenschicksal" erlitten. Dann erfahren wir, daß Hiskias´ sendungsbewußter Sohn Judas, der Galiläer, (nicht zu verwechseln mit dem gleichnamigen Jünger Jesu), in die Fußstapfen seines Vaters trat, um sich - nicht ohne entsprechend pompöses Auftreten - ebenfalls von seinen jüdischen Mitbürgern als Messias feiern zu lassen. Das "hochheilige" Ziel war wie immer die Befreiung und Unabhängigkeit von Rom und das kommende Gottesreich, das man in Kürze erwartete. Diese Endzeit-Erwartung zieht sich auch wie ein roter Faden durch alle Evangelien und spiegelt sich ebenso im Vaterunser wieder.

Die Bestrafung aus der Hauptstadt Jerusalem beschränkte sich diesmal nicht auf Judas, sondern es wurden an die 2000 Anhänger gekreuzigt, die Stadt Sepphoris abgefackelt und komplett dem Erdboden gleich gemacht.

Jesus muß damals etwa 10 Jahre alt gewesen sein, als der Sohn des Königs Herodes d. Gr. (des angebl. "Säuglingsmörders") namens Herodes Antipas (* um 20 v. Chr. in Judäa; † um 39 n. Chr. in der Verbannung in Südgallien) alsTetrarch in Galiläa daran ging, die einst so prächtige Stadt Sepphoris in neuem Glanz erstehen zu lassen. Der jüdischen Aristokratie gefiel das außerordentlich gut:es entstanden viele prunkvolle Villen. Die Handwerker aus dem Umland waren gefragt wie nie. Es ist auch anzunehmen, daß Joseph zusammen mit seinem Sohn Jesus und dessen Brüdern dort gearbeitet hat: Nazareth lag nicht weit entfernt.Sie waren Tagelöhner,die mit harter Arbeit für einen Hungerlohn schuften mußten.

Dort begegnete Jesus um 28 n.Chr. Johannes dem Täufer. Im Gegensatz zu denn früheren Messiassen war Johannes nicht auf Amt und Ehren aus, sondern predigte Bescheidenheit und Buße - wieder wie andere zuvor allerdings auch in Erwartung des nahenden Gottesreiches. Seine Taufen im Jordan sprachen sich schnell herum. Ihm folgte eine riesige Jüngerschar - unter ihnen auch Jesus, der wahrscheinlich von Johannes ebenfalls getauft worden sein soll. Irgendwelche unterwürfigen Worte von Johannes seinem Jünger Jesus gegenüber sind reine Erfindung, um Jesus im Rang höher zu stellen. Flavius Josephus berichtet von Johannes. Er stellt zudem fest, daß diese Taufe nicht zur Vergebung der Sünden, sondern von Johannes als Reinigungsritual abgehalten wurde.

Um 30 n.Chr. soll Herodes Antipas den Täufer gefangen genommen und hingerichtet haben. Die grausame Story, daß Antipas` Tochter des Täufers Kopf als Geschenk gefordert haben soll, ist wieder einmal ein gruseliges, orientalisches Märchen, dem Richard Strauss in seiner Oper "Salome" Anfang des 20.Jh. zu anhaltendem Ruhm verholfen hat.

Ansammlungen von Juden waren ab einer gewissen Anzahl den Römern verständlicherweise immer suspekt. So war der Grund seiner Hinrichtung rein politischer Natur, obwohl Johannes wohl eher ein friedlicher und vor allem asketischer Prediger und kein Rebell gewesen ist.

    Jesus übernahm seine Jüngerschar und konnte sie noch vermehren, trat aber weitaus provokanter auf als es je die Art von Johannes gewesen war. Er wurde deswegen auch von einigen Pharisäern mehrfach gewarnt, daß Herodes Antipas kurz davor sei, auch ihn zu beseitigen. Doch - so man Lukas 13,**32,33** folgen möchte - hatte Jesus nicht vor, sich von dem "Fuchs" - wie er

Herodes Antipas nannte - in der Provinz erledigen zu lassen. Er müsse in die Hauptstadt Jerusalem reisen, ließ er verlauten:
" ...denn es gehe nicht an, daß ein Prophet umkomme außerhalb von Jerusalem."
Es folgte eine triumphale Prozession: auf einem Esel reitend Jesu Einzug in Jerusalem - noch heute als das Kirchenfest "Palmsonntag" zelebriert.

Jesu Einzug in Jerusalem - Malvorlage für Kinder aus dem IT

Wenig später kam es zu der berühmten Tempelszene: Jesus warf die Tische der Geldwechsler um und öffnete die Käfige der Opfertiere (bereits lange zuvor schon beschrieben in Sach. 9,9) Die Tiere rannten in Panik wild umher, das Volk versuchte, sich das verstreute Geld anzueignen, es wurde geraubt, geplündert, geprügelt. Ein Kapitalverbrechen, das es dort so noch nie gegeben hatte, auf das die Obrigkeit absolut nicht vorbereitet war und so schnell auch nicht reagieren konnte.

Ein riesiger Aufruhr, Volksverhetzung, Angriff auf die Geschäfte der zugelassenen Tempelhändler, Angriff auf die Priester-Aristokratie und somit auch auf Rom.

Die logische Konsequenz auf eine derartig terroristisch anmutende Attacke konnte zu der Zeit nur die Verhaftung und die Kreuzigung Jesu sein, wie schon andere Aufrührer vor ihm. Doch Jesus und seine Anhänger konnten das allgemeine Getümmel auf dem Tempelplatz für sich nutzen und vorerst einmal ohne viel Aufhebens verschwinden.

aus Wikipedia

Modell des herodianischen Tempels in Jerusalem. Der Tempelmarkt mit den Wechslertischen und Verkaufsständen war vermutlich in den von Herodes errichteten Erweiterungsbauten auf der Südseite (auf dem Bild links) des Tempelbergs untergebracht, entweder im Untergeschoss der Königshalle, durch das einer der Hauptaufgänge in den Tempel führte, oder in den an die Halle angrenzenden Bereichen des äußeren Vorhofs.

Das ganze Szenario spielte sich, wie schon erwähnt, *nicht* im heiligen Tempelbereich ab, sondern im "Heiden-Vorhof", zudem jedermann Zutritt hatte. Und wie schon erwähnt: Geld wurde dort gewechselt, weil man im Tempelbezirk nur mit speziellem Tempelgeld bezahlen konnte, also umtauschen mußte.
Folglich war der religiöse Eifer Jesu, das "entweihte Gotteshaus" von Händlern und sonstigem "Gesindel" zu befreien, total unangebracht, denn dieser Vorhof hatte überhaupt nichts mit dem "geheiligten" Bereich des eigentlichen Tempels zu tun, wo Gottesdienste, Gebete und rituelle Verrichtungen stattfanden.

Von Pontius Pilatus - als Zauderer beschrieben, der "seine Hände in Unschuld wusch" - wird im NT ein völlig falsches Bild entworfen.
Das Gegenteil ist jedenfalls historisch:
Er galt realiter als extrem grausam und vollstreckte mit Vorliebe Todesurteile durch Kreuzigungen - in rekordverdächtiger Anzahl. Vom Hohepriester Kaiphas, der sich ja durch Jesus im Tempel persönlich angegriffen fühlen mußte, konnte er zudem die volle Unterstützung voraussetzen - zumal sie seit Jahren schon als ein perfektes Team fungierten.
Pilatus wütete auch nach Jesu Kreuzigung mit extrem menschenverachtender Grausamkeit gegen die geringsten Vergehen seitens der Juden. Er vergriff sich sogar am Tempelschatz um öffentliche Reparaturen in Jerusalem zu finanzieren, so daß ihn Kaiser Tiberius etwa 36 n.Chr. zur Rechtfertigung seiner Taten nach Rom rufen ließ. Er kehrte nie wieder nach Jerusalem zurück, sondern wurde ins Exil nach Gallien geschickt. Gleichzeitig wurde auch der Hohepriester Kaiphas aus dem Amt entlassen.

Die Geschichte ging in ähnlicher Weise weiter:
Nachdem noch weitere Messiasse auf den Plan traten und ähnlich hingerichtet wurden, begann
Der große Jüdische Krieg gegen die Römer im Jahr 66 n. Chr. in Judäa, ausgelöst durch staatliche und religiöse Repressalien. Er ging 70 n.Chr. vorerst zu Ende mit der Eroberung Jerusalems durch die Römer und der Zerstörung des Jerusalemer Tempels. Endgültig zu Ende aber war er erst im Jahr 74 mit dem Fall von Masada, einer 400 m hohen jüdischen Festung am Toten Meer, die lange von den Römern belagert wurde. Als sie sie endlich erobern konnten, fanden sie nur noch Leichen vor: die Juden hatten sich umgebracht, um den Römern nicht lebend in die Hände zu fallen und dann einer unehrenhaften Hinrichtung entgegen zu sehen.
Es war der erste der drei großen jüdischen Aufstände gegen die Römer im 1. und 2. Jahrhundert – der zweite war der Diaspora-Aufstand um 116, der dritte der Simon-Bar-Kochba-Aufstand von 132 bis 135:
der "Sternensohn" - wie die Juden ihn hoffnungsvoll nannten - versuchte noch einmal wie so viele vor ihm, sich als Messias in die jüdische Geschichte einzutragen: mutig, aber letztendlich aussichtslos gegen ein Riesenreich wie das der Römer.
Total geschlagen, vertrieben, in alle Winde verstreut, konnten die Juden den Gedanken an eine jüdische Nation begraben. Sie mußten sich auf sich selbst, ihre Traditionen und auf ihre Religion besinnen.

    Nach Jesus hielt sich eine treue Gruppe von Anhängern unter der Führung seines Bruder Jakobus, der hohes Ansehen als erster Bischof in Jerusalem genoß. Paulus tauchte um das Jahr 40 n.Chr. bei ihnen auf und konnte Jakobus für sich einnehmen. Sie waren begeistert von seiner Idee, Jesu Lehre zu verbreiten.

Jakobus stellte ihm seinen engen Vertrauten Barnabas zur Seite und sandte beide nach Syrien und Kilikien.

Das ging eine ganze Weile gut, bis sich doch im Laufe der Jahre herausstellte, daß Paulus sich selbst in den Mittelpunkt stellte und seine Lehre nach eigenem Gusto verkündete, die mit der Lehre Jesu nichts mehr gemein hatte.

Er wurde infolgedessen um 50 n.Chr. von Jakobus nach Jerusalem einbestellt. Paulus sollte sich wegen seiner Rolle als Missionar bei den Nichtjuden rechtfertigen.

Paulus erklärte, er sei nur gekommen, weil er den Auftrag von Jesus persönlich erhalten habe (diese "Formel der Rechtfertigung" gehörte übrigens zu seinem Standard-Repertoire) - nicht um sich zu rechtfertigen. So fuhr Paulus regelmäßig allen anderen über den Mund. Lukas harmonisierte dieses angespannte "Konzil-Treffen" in seiner Schrift, während Paulus kommentierte, er sei von einer Gruppe "falscher Brüder", die ihn ausspioniert hätten, in den Hinterhalt gelockt worden.

Nach der Abreise von Paulus sandte Jakobus eigene Missionare in die Gebiete des paulinischen Wirkens. Diese Jerusalemer wurden von Paulus als "Diener des Satans" diffamiert,die sich nur als Apostel Christi tarnten.

57 n.Chr. mußte Paulus nochmals in Jerusalem vorstellig werden: Ihm wurde vorgeworfen, er fordere die Gläubigen auf, von der Lehre Mose abzufallen und sich nicht an die Bräuche zu halten. Jakobus zwang Paulus zu einem Reinigungs-Ritual im Tempel und zum Widerruf solcher Lehren. Paulus soll gegen Jakobus handgreiflich geworden sein, so daß die Jesus-treuen Juden über Paulus herfielen, ihn gewaltsam aus dem Tempel zerrten und ihn erschlagen wollten.

Römische Soldaten kreuzten auf und nahmen Paulus in Gewahrsam. Sie hielten ihn für einen schon länger gesuchten Aufrührer und brachten ihn ins Gefängnis nach Cäsarea.

Er durfte später nach Rom ausreisen, weil er darauf beharrte, römischer Staatsbürger zu sein. Paulus war in Tarsus geboren. Marcus Antonius hatte tatsächlich ein Jahrhundert zuvor den Tarsensern die römischen Bürgerrechte zuerkannt.

Paulus stand in Rom unter Hausarrest, was ihn nicht hinderte, weiterhin tätig zu sein. Er erklärte, die Juden seien zu verstockt, und er werde daher nur noch für die Heiden predigen. (Apg. 28,27-29)

Wie schon erwähnt: Jerusalem ging samt dem Tempel im Jahre 70 n.Chr. unter - so auch dort die alten Getreuen des Jesus von Nazareth.

Unter dem Einfluß von Paulus wurden Ende des 1. Jh. n.Chr. die Evangelien geschrieben: das älteste von Markus, der wie auch die anderen Evangelisten sicher anders hieß, dann Matthäus und Lukas und viel später Johannes. Alles nur fromme Dichtung, um Begriffe wie "Lüge" oder "Fälschung" zu vermeiden.

Nach Christi "Auferstehung von den Toten" und seiner "leibhaftigen Himmelfahrt", soll er, laut Paulus, zur Rechten Gottes als sein eingeborener Sohn sitzen: als "wahrer Gott, der als fleischgewordener Erlöser für die Sünden der Menschheit gekreuzigt worden ist."

Eine von Paulus erfundene Gestalt, die mit dem Menschen Jesus von Nazareth, dem Rebellen und Endzeit-Prediger aus Galiläa, nicht allzu viel, ja eigentlich überhaupt nichts, zu tun hat. Dennoch ist Jesus unverändert - auch nach 2000 Jahren noch - nie endender Anlaß zu Streit und Auseinandersetzungen.

Aber was kann Jesus dafür?
Die Muslime verehren Jesus als einen großen Propheten

aber eben nur als einen bedeutenden Menschen und nicht als Gott.
Es gibt viel Schrifttum von ihm im Koran zu lesen.
Die Muslime behaupten, Jesus sei nicht am Kreuz gestorben, ja nicht einmal gekreuzigt worden.
Das Christentum ist aber nicht überlebensfähig, wenn Jesus nicht "Gott" ist, nicht am Kreuz für die Sünden der Menschheit als "Erlöser" seinen Geist aufgegeben hat.
Es ist das zentrale Thema, ohne das das gesamte Gebäude dieser paulinischen Religion - ja des Christentums schlechthin - zusammenbräche. Deutlicher als Paulus selbst kann man es nicht sagen im

1.Kor. 15,14 - 19
Ist aber Christus nicht auferstanden, so ist unsere Predigt vergeblich, so ist auch euer Glaube vergeblich..... (es geht noch weiter bis 15,19)

Einverstanden, Paulus ...sehr, sehr einverstanden: total vergeblich ist dieser Glaube ... und das seit fast 2000 Jahren.... das muß ihm erst einmal jemand nachmachen, diesem selbsternannten Apostel, der wagt, sich als 1. Apostel zu bezeichnen und nicht etwa als 13., was vielleicht noch einigermaßen verständlich wäre aus (wohlmeinender) allgemeiner Sicht.
Einen besseren Überblick, was alles falsch ist am Christentum und seinen posthumen Fälschungen und Verfälschungen, hat m.E. keiner besser in einem Video-Vortrag gesagt als der Moslem Ahmed Deedat, in dem er als profunder Bibel-Kenner die Frage stellt:

IST JESUS GOTT?
http://www.youtube.com/watch?v=pr9WvsGUe9U (*)

(*) wobei man keinesfalls zu seinem Schluß kommen muß, daß man nach seinen Ausführungen gar nicht anders kann, als Moslem zu sein oder zu werden. Schade: somit verpufft der ansonsten verdiente Applaus leider sofort wieder. Si tacuisses!

Bis zu diesem überflüssigen Schlußplädoyer präzise und sehr logisch durchdacht und argumentiert!

Nun bin ich deswegen noch lange nicht islamkonform oder -kompatibel, wenn ich hier Ahmed Deedat zustimmen muß. Diesen vielen unfreundlichen Vorschriften, mit denen man die Gläubigen drangsaliert und insbesondere die Frauen an ihrer freien Entfaltung hindert, würde ich mich keinesfalls beugen wollen. Aber ich sagte ja schon, daß der gesamte anthropomorphe Monotheismus so etwas wie eine chronische psychische Erkrankung ist.... teilweise als "Erbkrankheit" zu beobachten... sehr resistent, aber nicht unheilbar.

Wenn aber nun schon so viel herum spekuliert wird und die Wahrheit eh keiner gepachtet hat, dann kann man doch mal dem Gedanken nachgehen, daß Jesus nicht am Kreuz gestorben ist. Das von den tief gläubigen Christen so heißgeliebte Wunder der Auferstehung hätte sich somit auch gleich erledigt.
Es soll ja schon viele Jahrhunderte alte "Überlieferungen" geben, denen zufolge Jesus nicht nach dem Kreuzestod wie üblich die Beine gebrochen worden sind. Er soll nach 4 Stunden vom Kreuz abgenommen und in die Grabkammer seines wohlhabenden Freundes Joseph von Arimatäa gebracht worden sein: eine Zeitspanne, die ein junger kräftiger Mann durchaus lebend überstehen kann. Von dort konnte man ihn ganz diskret abholen und an einem geheim gehaltenen Ort gesund pflegen.
Später hat er sich seinen Jüngern noch einmal lebend gezeigt. Der "ungläubige" Thomas, sein Zwillingsbruder, konnte sich selbst davon überzeugen, wie es heißt. Danach soll Jesus baldigst nach Vorderasien und nach Indien ausgewandert sein und viele Reisen als Prediger unternommen haben. In Tibet habe man ihn als Reinkar-

nation von Buddha gefeiert. Die tibetischen Buddha-Figuren und -Skulpturen zeigen in den Flächen der Innenhand blumenartige Ornamente, die auf die Stigmata Jesu durch die Kreuzigung hinweisen sollen.

Als weit über 80-Jähriger sei er dann in er Stadt Srinagar in Kaschmir (Indien) verstorben, wo man noch heute sein (glaubwürdiges ??) Grab zeigt. Seine letzte Ruhestätte wird von einer Familie Rozabal verwaltet und gilt Muslimen, Buddhisten und Hindus gleichermaßen als Heiligtum. Beweismaterial zur Feststellung einer DNA-Analyse und einer C14-Probe entnehmen zu dürfen, hat die muslimische Familie, die als Nachkommen von Jesus gelten will, aus Pietätsgründen abgelehnt.

Diese Reisewege seien verschiedentlich und unabhängig voneinander von weit auseinander liegenden Klöstern im Himalaya bestätigt worden, wo in alten Handschriften der Besuch eines hellhäutigen Wanderpredigers namens Isa, Issa oder Yus Assaf (muslimische Namen für Jesus) u.ä. auftauchen soll.

Warum nicht?
Möglich wäre es immerhin. Doch ob solcher Theorien geht ein Aufschrei durch die Christenheit, als nähme man den Gläubigen ihr liebstes Kind .... indisch ausgedrückt: als schlachte man ihre heilige Kuh.
Der Führungsetage im Vatikan mit ihrem seit fast 2000 Jahren sorgsam errichteten Religionsgebäude paulinischer Provenienz würde die Luft wegbleiben, hätte sie denn tatsächlich einen massenhaften Abfall vom katholischen (übersetzt: "rechtgläubigen"), einzig wahren Glauben zu befürchten.

Hat sie nicht - solange es Sadisten und Masochisten gibt, sowieso nicht. Also noch lange nicht.

Ich jedenfalls kann mich mit dieser Vorstellung der Wanderwege Jesu durchaus anfreunden ... warum soll der indische Historiker Prof. Hassnain nicht recht haben? Weil es nicht 100% bewiesen ist. Ja - gut!
Ebenfalls nicht bewiesen: das gesamte NT - nicht eine einzige Silbe.
Also?

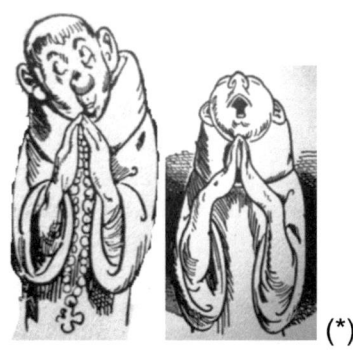

(*)

Ich gehe einfach gut gelaunt davon, denn mich berühren ja diese vielen mehr oder weniger berechtigten Zweifel nicht persönlich... reine Neugierde war´s...sonst nix.
ich bin ja auch keine Christin mehr - war ich´s denn je wirklich? - bin beseelt von der pantheistischen Philosophie eines Giordano Bruno und unterwegs auf religions-befreiten Pfaden eines Friedrich Nietzsche... und ... es geht mir gut seitdem, so richtig gut !

(*)
Der Hl. Antonius
von
Wilhelm Busch

Wer so still vergnügt vor sich hin schmunzelt, liest totsicher nicht soeben gerade die Bibel, oder??

Was ich noch sagen wollte... wußten Sie ....?

Kirchenaustritt aktuell - Damals wie heute:
"Sobald das Geld im Kasten klingt, die Seele in den Himmel springt!

Der 6. Senat des Bundesverwaltungsgerichts in Leipzig entschied am 26.9.2012 zugunsten der römisch-katholischen Kirche, was bedeutet: Wer sich beim Staat von der Kirchensteuerpflicht gegenüber der römisch-katholischen Kirche abmeldet, hat damit automatisch auch die katholische Religion verlassen, selbst wenn er deren Inhalte weiterhin genauso glaubt wie bisher. Der Jurist Dr. Hartmut Zapp hat den Prozess verloren. "Er will keine Kirchensteuern mehr zahlen, aber trotzdem gläubiges Mitglied der katholischen Kirche sein" *(bild.de, 26.9.2012)*. Das sei nicht möglich, so urteilten die Verwaltungsrichter in Leipzig. Niemand könne also gläubiges Mitglied der Vatikankirche bleiben, der als Einkommensteuerzahler keine Kirchensteuern mehr zahlen will. Die Abmeldung von der Kirchensteuerpflicht wird also gleichzeitig als Glaubensabfall betrachtet, was im Umkehrschluss bedeutet: Zum Glauben gehört auch das Zahlen. Oder: Die deutsche Kirchensteuer soll für den deutschen Katholiken "heilsnotwendig" sein

Kommentar:
Der Schuss geht für die Kirche nach hinten los, sobald die Leute mit dem Nachdenken beginnen. Denn das Urteil bedeutet: Nur wer sich den Kirchensteuer-Gesetzen unterwirft, ist ein Katholik im Sinne des Dogmas.
Wer hier aber bewusst aussteigt, soll laut Dogma das Seelenheil verlieren und dafür wiederum laut Dogma später ins "ewige Feuer" müssen.

Mit anderen Worten:
Wer aus der deutschen Kirchensteuergesetzgebung aussteigt wie der überzeugte Katholik Dr. Hartmut Zapp, soll dafür für alle Ewigkeiten grausamste Höllenqualen erleiden.
Das ist nun mal die Kirche, ohne Wenn und Aber.
Andersherum betrachtet:
Auch wenn man als deutscher Einkommens-Steuerzahler das ganze katholische Dogmenwerk glauben würde, reicht das nicht. Man stehe zwar kurz vor dem angeblichen Seelenheil, müsse sich dieses aber dann noch mit den Steuer-Euros erkaufen.
Es ist also faktisch immer noch so wie im 16. Jahrhundert, als es hieß: "Sobald das Geld im Kasten klingt, die Seele in den Himmel springt!" Schon damals hatten viele Menschen "genug" von der Amtskirche und ihrem unchristlichen Treiben.
Und auch heute werden es täglich mehr.

Die Taufregister:
Kirchlicher Besitzanspruch auf Ihre Seele
Wer den Kirchenaustritt erfolgreich geschafft hat, kann noch einen weiteren Schritt tun. Sie können die Kirchengemeinde, in der Sie einst getauft worden sind, auffordern, **Sie aus dem Taufregister zu streichen**. Bislang wird dort in einer Randnotiz lediglich Ihr Austritt vermerkt, wenn Sie bei diesem Anlass das Pfarramt angegeben haben, bei dem Sie einst getauft worden waren.Bei der Streichung stellt sich die Kirche bis jetzt stur und behauptet, die einst von ihr durchgeführte Taufe sei nicht rückgängig zu machen (!), weswegen eine Streichung auch nicht vorgenommen werde.
Und die römisch-katholische Kirche erdreistet sich sogar, **auch den ehemaligen Katholiken trotz Kirchenaustritts weiter als "Katholiken" zu betrachten**. Die Begründung dafür ist hanebüchen: Angeblich hätte "Gott" selbst damals bei der Taufe dem Menschen das Tauf -

Siegel" unlöschbar eingebrannt. Doch das ist Humbug, und es ist zudem unmoralisch und sittenwidrig, "Gott" und den einst Getauften in dieser Weise für alle Zeiten und Ewigkeiten kirchlich vereinnahmen zu wollen.
Die evangelische Kirche formuliert diesen fortdauernden Besitzanspruch der Kirche auf den Menschen zwar nicht so drastisch, doch im Ergebnis läuft es auch dort auf das gleiche hinaus. Auch dort habe angeblich "Gott" im evangelischen Sinne unwiderruflich an dem Getauften seine "Gnade" erwiesen, und auch hier gibt es angeblich niemals mehr ein Entkommen.
Man stelle sich vor, eine von den Kirche als "Sekte" bekämpfte religiöse Minderheit würde Ähnliches praktizieren! Die Empörung der Kirche wäre riesengroß, und dieser Gemeinschaft würde vermutlich sogar das Verbot drohen. Nur in der eigenen Vereinigung wird dies als "normal" betrachtet. Und da katholische und evangelische Kirche ihre Taufen auch gegenseitig anerkennen, wird also auch die evangelische Handlung von beiden Groß-Institutionen als eine Art "unauslöschbares Siegel" betrachtet.
Wie unseriös diese Lehre ist, ergibt sich auch daraus, dass der Eintritt in die jeweilige Kirche durch Taufe in der Regel sogar ohne Zustimmung des Betroffenen erfolgt war, als dieser noch ein Säugling war.
Man könnte sich bei den Kirchenvertretern deshalb über den fortdauernden Eintrag im Taufregister beschweren bzw. darauf bestehen, dass zumindest ein Vermerk über den Löschungsantrag in das Register eingetragen wird. Sie könnten mit Nachdruck darlegen, dass Sie die Taufe und die damit verbundenen kirchlichen Verwicklungen rückgängig machen möchten und sich nicht ewig kirchlich vereinnahmen lassen werden. Und Sie könnten darauf hinweisen, dass Sie in keinster Weise mit der Kirchenlehre übereinstimmen, wie z.B. von Bischof Thomas Tobin aus den USA im Oktober 2010 formuliert wurde.

"**Ehemalige Katholiken … gibt es nicht. Wenn Sie katholisch getauft sind, dann sind Sie ein Leben lang katholisch, sogar wenn Sie dies widerrufen haben oder in eine andere Kirche eingetreten sind. Die Taufe hat in Ihre Seele sozusagen katholische DNA eingegossen – die Taufe definiert, wer und was Sie sind**"*(zit. nach http://www.kath.net/detail.php?id=29343).*

Nur eine Eintragung des Kirchenaustritts im Taufregister (der normalerweise erfolgt, wenn Sie beim Austritt das Pfarramt benennen, in dem Sie einst getauft worden waren) erscheint uns angesichts des fortdauernden kirchlichen Besitzanspruches also ungenügend.

Man sollte sich deshalb auch nicht gleich mit der ersten freundlichen kirchlichen Absage abspeisen lassen, dass eine Streichung angeblich nicht möglich sei, weil es sich ja um eine "Beurkundung" handle oder dergleichen. Denn steter Tropfen durch viele Menschen löscht auch hier irgendwann das "Siegel" bzw. die kirchliche Fessel. Von Ihrer Seite könnten Sie schon jetzt die kirchlichen Lehren als für Sie **null und nichtig** betrachten. Entnommen:
http://www.theologe.de/taufe_katholisch_evangelisch.htm **<<< noch mehr wichtige Aufklärung - bitte lesen!**

Ich danke Ihnen, daß Sie meine interessierten und aufgeschlossenen Leser-Innen waren, und möchte mich mit Folgendem von Ihnen verabschieden:

Schrittetun ist nichts anderes als ein riskiertes Hinfallen, das – mittels des jeweils vorangesetzten Beines – in Wanderschaft gewandelt wird. Jeder Schrittetuende sündigt an sich, indem er sich durch sein Schrittetun von dem <sondert>, wo er ohne es <verblieben> wäre, erläutert Herbert Fritsche in seinem erfrischenden Kapitel *Der Ketzer und warum Gott ihn braucht*, das er mit den Worten beschließt:
Gott will in ihm wandern: dies ist das Geheimnis seiner Auserwählung zur Ketzerschaft.

In diesem Sinne wünsche ich Ihnen ein freies, glückliches, selbstbestimmtes und spannendes Leben.

Cabarete im August 2014   Ria Silva
                                  RiaSilva@planet.ms

Literatur

Giordano Bruno	Die Kabbala des Pegasus
Karlheinz Deschner	Abermals krähte der Hahn
	Der gefälschte Glaube
	Memento
	Die beleidigte Kirche
	Oben ohne
	Die Kriminalgeschichte des Christentums (Auszüge)
	Das Kreuz mit der Kirche
Uta Ranke-Heinemann	Nein und Amen - mein Abschied v. traditionellen Christentum
	Eunuchen für das Himmelreich
M. Schmidt-Salomon	Manifest des evolutionären Humanismus
	Wo bitte geht´s zu Gott?
Mina Ahadi	Ich habe abgeschworen
Hans-Werner Kubitza	Der Jesuswahn
Richard Dawkins	Der Gotteswahn
Rezla Aslan	Zelot - Jesus von Nazareth u. seine Zeit
Franz Buggle	Denn sie wissen nicht, was sie glauben
Rudolf Bultmann	Jesus
	Das Urchristentum
W.-J. Langbein	Lexikon d. biblischen Irrtümer
Finkelstein/Silberm.	Keine Posaunen vor Jericho
Christopher Hitchens	Der Herr ist kein Hirte
Ahmed Deedat	YouTube - VIDEO
Koran - AT - NT	
Nestle – Aland ———	—Das Neue Testament (griechisch und deutsch)
Fritsche, Herbert ———	—Iatrosophia

Lapide, Pinchas	Wurde d. Bibel richtig übers.?
Jaspers, Karl	Nietzsche u. das Christentum
Nietzsche, Friedrich	Also sprach Zarathustra
Lurker, Manfred	Wörterbuch der Symbolik
Satprem	Sri Aurobindo oder das Abenteuer des Bewußtseins
Obermeier, Siegfried	Starb Jesus in Kaschmir?
Joachim Kahl	Erziehung ohne Religion
Alexa Rostoska	Der Kuß d. weißen Schlange

* * * * * * * * * * *

Eine weitere Anleitung zum blanken Entsetzen - Die "Heiligen Bücher " Der Talmud und Der Koran:

1. ***Der Babylonische Talmud*** - erste vollständige zensurfreie Übers.ins Deutsche von Lazarus Goldschmidt - Jüd.Verlag Frankfurt
2. ***Der Koran*** - Reclam-Univ.-Bibliothek No.4206 / 1960

Beide Ausgaben (nicht frisiert) zeigen die menschenverachtenden Haßtiraden gegen Andersgläubige und die Aufforderung zu Vergewaltigung, Krieg, Mord und Genozid u.ä. schändlichem Handeln auf.

****

In munter-frischen Gesprächen mit dem mythischen Wesen „Ishtuahavi" - der weißen Schlange - führt eine moderne Ketzerin den überzeugten Christen zum kritischen Nachdenken, den Gegner des Christentums zur Versöhnung und den Atheisten zu neuen Sichtweisen: „Kostet doch mal" - so lautet ihre Anregung, ganz entspannt an ihren tiefgründigen, poetischen und fantasievollen „Talks" im karibischen Ambiente teilzunehmen.

ROSTOSKA, ALEXA:
Der Kuß der weißen Schlange
ISBN 978-3-8334-9604-2, PB, 324 S., € 18,50

empfohlen:
Die 2. verbesserte, auch z.T. veränderte Auflage wird voraussichtlich noch im Jahr 2014 erscheinen: www.alexa-rostoska.com zeigt foldende Bücher:

Gedichte   **Mir träumte...**
                  Lyrische Petits Fours

Drehbuch: **Der werfe den ersten Stein**
                  Die Lebensgeschichte eines
                  Jesuiten-Paters

Drehbuch: **Das dritte X**
                  Die verhängnisvolle Geschichte
                  einer unerkannten Mörderin

Kurzgeschichten: **Ach, du grüne Palme!**
                  Satire, Komik und ganz normaler
                  Wahnsinn

Kurzgeschichten: **Alles Coco loco...oder was?**
                  Karibisch-paradiesisch-
                  paradriesliches (Un-)Alltägliches

Kurzgeschichten: **Justitia, mal ganz unter uns...**
                  Ernsthaft Komisches über die
                  Halbgötter in Schwarz

Detaillierte Informationen und die ISBN zu diesen Büchern
wie auch die Rezensionen zu Werken anderer Autoren bei
www.amazon.de

Paradies früher mal   ...und....   Paradies heute >>>
gesponsert von **www.dominican-invest.com**

free download aus dem IT ©unknown

Hier noch einige Links zu den Glaubenssätzen der drei montheistischen Weltreligionen:

a) http://kath-zdw.ch/maria/beweise.existenz.gottes.html
http://kath-zdw.ch/maria/245.dogmen.html
b) http://www.hagalil.com/judentum/rambam/ikarim.htm
c) http://bruderhand.de/index.php?option=com_content&view=article&id=1327&Itemid=422

Smiley noster, qui est nimbatus!
Confitere, quod sentias(!?) (*)

(*) Unser Smiley, der du bist wolkenumhüllt, gib zu , was du denkst!?